沥青路面损伤行为及其结构寿命的合理匹配

刘福明　著

人民交通出版社股份有限公司
China Communications Press Co.,Ltd.

内 容 提 要

本书根据国外长寿命沥青路面设计理念，分析了我国高速公路沥青路面结构状况，着重阐述了沥青路面的损伤行为及有关结构设计问题，围绕长寿命沥青路面的材料参数、疲劳极限、路面结构响应及损伤等问题，系统地对长寿命沥青路面结构进行分析，并结合国内外长寿命沥青路面设计思想提出了沥青路面结构寿命匹配设计理念。

本书可供从事公路、城市道路工程设计、施工、研究及养护管理技术人员使用，亦可供高等院校师生学习参考。

图书在版编目(CIP)数据

沥青路面损伤行为及其结构寿命的合理匹配 / 刘福明著. —北京 ：人民交通出版社股份有限公司，2014.12

ISBN 978-7-114-11965-1

Ⅰ. ①沥… Ⅱ. ①刘… Ⅲ. ①沥青路面－路面衰坏－研究 Ⅳ. ①U416.217

中国版本图书馆 CIP 数据核字(2014)第 311787 号

书　　名:沥青路面损伤行为及其结构寿命的合理匹配
著 作 者:刘福明
责任编辑:郑蕉林　牛家鸣
出版发行:人民交通出版社股份有限公司
地　　址:(100011)北京市朝阳区安定门外外馆斜街 3 号
网　　址:http://www.ccpress.com.cn
销售电话:(010)59757973
总 经 销:人民交通出版社股份有限公司发行部
经　　销:各地新华书店
印　　刷:北京市密东印刷有限公司
开　　本:720 × 960　1/16
印　　张:10.5
字　　数:172 千
版　　次:2015 年 3 月　第 1 版
印　　次:2015 年 3 月　第 1 次印刷
书　　号:ISBN 978-7-114-11965-1
定　　价:35.00 元

前　言

随着我国公路建设，特别是高等级公路建设事业的蓬勃发展，对沥青路面的使用品质和功能提出了更高的要求，沥青路面的损伤及使用寿命也越来越受到道路工作者的重视。近些年来，国内外长寿命沥青路面的研究受到了人们广泛的关注。长寿命沥青路面的实质就是路面在设计使用寿命期间不会发生结构性破坏，路面的损坏仅发生在路面的上层，维修时不需要进行结构性处理，只需将表层混合料铣刨，并换成等厚度的新混合料即可，维修十分方便。其理念是通过对沥青路面结构的优化，合理设置路面各结构层的位置和层厚，从而延长沥青路面使用寿命，使其成为长寿命和较低维修成本的路面结构。而近些年来，随着我国道路荷载的不断增加，特别是重载交通对我国沥青路面提出了新的挑战。按传统的设计体系和设计标准设计的路面，通常不到设计年限就出现了损坏，经常需要进行大修，由此造成的交通拥挤或堵塞，给高速公路、城市间的重要干道造成极大的压力。因此，为了提高高速公路沥青路面的整体质量，减少路面的维修，节约能源资源，提高公路的经济社会效益，并为沥青路面结构设计提供一定的理论参考，本书在对我国现行沥青路面结构分析的基础上，对影响长寿命沥青路面结构性能的参数指标、损伤破坏形式等进行了分析，并结合国内外长寿命沥青路面设计思想对沥青路面结构进行了优化。

本书的撰写得到了华南理工大学王端宜教授、张肖宁教授和长安大学张登良教授等专家学者的指导和帮助，南昌工程学院王瑜老师做了大量的工作，在此表示衷心的感谢！

本书的出版受到了江西省自然科学基金项目（20122BAB206003）、江西省交通运输厅项目（2012C0022）及南昌工程学院科研成果专项经费的资助。

由于时间仓促，加之作者学识水平有限，书中论述难免存在偏颇甚至谬误之处，恳请各位专家、学者和读者不吝指正。

作者

2014 年 7 月

目　录

第1章　引　　论

1.1　沥青路面的发展现状及存在的问题

新中国成立以来,我国的公路建设大致可以划分为三个阶段,每个阶段都是与当时交通量的大小、轴载大小和经济发展需求相适应的。为适应交通快速发展的需要,路面结构也在不断完善。在这三个阶段里,代表性路面结构的发展经历了由适应轻交通的泥结碎石路面和级配砾石路面,到适应中型交通的渣油表面处治路面和石灰土基层路面,直到目前适应重交通的半刚性基层沥青混凝土路面和水泥混凝土路面的过程;基层的发展也经历了手摆片石基层、级配碎砾石基层、石灰土基层、水泥稳定砂砾基层、二灰碎石基层、水泥稳定碎石基层等形式[1-2]。

20世纪80年代中期以来,由于交通量大增,轴载和重车比例增大,对路面的整体强度和平整度提出了更高的要求,相应地,对基层的要求也提高到了一个更高的水平。于是普遍采用无机结合料稳定粒料(土)类基层,即将一定比例的水硬性材料(石灰、水泥、粉煤灰或其他工业废渣等结合料)与水及土、砂、石等筑路材料拌和后,产生一系列的理化反应,经摊铺压实养生后形成路面基层,其具有较高的强度、刚度及良好的板体性、水稳性,并具有一定的抗冻性,大大提高了路面的承载能力。由于具有水硬性结合料处置层的沥青路面的力学性能明显不同于仅用粒料基层和底基层的沥青路面,在1983年召开的第十七届世界道路会议上,将具有水硬性结合料处置层的沥青路面正式命名为"半刚性路面"。在1987年9月的第十八届世界道路会议上,专门设立了"半刚性路面"这一议题[3]。

20世纪90年代末,随着国民经济的不断发展,我国公路交通状况发生了明显的变化,交通量增长迅速,重载车数量显著增加,超载车辆普遍存在,新交通状况对路面基层提出了更高的要求。为适应交通量日益增加和车辆荷载逐渐增大的需要,采用半刚性基层路面已成为当时突出的趋势,半刚性基层沥青路面几乎成为我国新建高等级公路唯一的可选路面结构。此时的半刚性基层沥青路面设计规范、施工规范日趋完善,施工单位的施工机械、施工技术比以前有了较大的进步;与此同时,道路沥青进口数量继续飙升,路面造价居高不下,成为发展沥青路面的重大障碍。半刚性基层沥青路面继续在“强基薄面”的思想下发展,成为我国沥青路面结构的主要形式,并几乎成为包括高速公路在内的唯一的结构形式[4]。

随着我国经济的快速发展,公路交通建设以一个前所未有的速度向前发展,到2013年底,我国高速公路通车总里程已经达到10.4万km。随着高速公路建设里程的不断增加,交通量以及车辆荷载的剧烈增长,其所暴露出来的问题也十分严重。特别是由于重车的数量和尺寸的剧增,容许轴载的增加,以及汽车和轮胎制造的新发展趋势,传统沥青路面已经逐渐不能满足要求;沥青路面初期破坏非常严重,初期损坏的发生频繁,这引起了我国道路部门的普遍重视,许多研究人员对沥青混凝土路面的损坏状况进行了一些调查。调查表明,通车仅2~3年的高速公路沥青混凝土路面已经出现大面积破坏,有些高速公路通车仅几个月就开始出现破坏迹象,不到一年就由于大面积破坏严重而不得不将原沥青混凝土面层铣刨后重新铺筑。我国90%以上的高速公路是新建沥青混凝土路面,这就使逾万公里的道路面临着初期损坏的威胁,现行的沥青路面技术也同样遇到了强有力的挑战。初期损坏的发生不仅降低了道路使用性能,而且增加了路面寿命周期成本,给道路建设和养护造成了巨大的经济损失。沥青路面耐久性差、使用寿命短的问题已成为阻碍我国道路建设发展的主要问题之一[5]。

为了提高沥青混凝土路面的质量,近些年来,在我国的高等级公路沥青路面实践中采用了许多新技术,如多碎石沥青混合料技术、Superpave混合料设计技术、SMA路面技术、聚合物改性沥青和纤维改性沥青技术等。这些技术的应用虽然在一定程度上改善了路面质量,但路面初期损坏现象依然存在[6]。

这些问题的存在与我国长期以来采用沥青层较薄的半刚性基层沥青路面结构、设计理论以及施工技术等方面的原因有关。依据水泥稳定基层在使用过程中的疲劳损坏性状和半刚性基层沥青路面结构设计理论,路面损坏分为两个阶段:水泥稳定基层出现疲劳损坏阶段和沥青面层出现疲劳损坏阶段。路面结构的总寿命为两阶段疲劳寿命总和。第一阶段设计建立在基层开裂成大块的前提下,第二阶段设计时基层实际上已经成为碎块。按我国规范的方法计算也表明,在沥青层与基层的连续界面条件下,沥青层不会出现拉应力;在滑动界面条件下,沥青层底会出现拉应力。出现拉应力当然会对沥青路面的寿命产生不利影响。但即使这样,由于沥青层的应力与强度比所相应的疲劳损耗有可能低于半刚性基层,其疲劳寿命可能仍大于半刚性基层,即半刚性基层经常是早于沥青面层先达到设计标准而出现疲劳开裂破坏。也就是说,当沥青层较薄时,半刚性基层沥青路面结构设计受控于路面底部的疲劳开裂破坏,沥青面层底面的拉应力验算指标不会对结构厚度起控制作用。由于半刚性基层的强度、模量、抗疲劳性能等会因为重复荷载的作用及环境(干湿、冻融等)的影响而不断衰减,总是有一定使用寿命的,只要到了设计寿命,将会逐渐丧失功能,需要重铺。因此,半刚性基层沥青路面的使用寿命不可能无限期的延长下去。另外,由于半刚性基层比较致密,渗透性差,温度敏感性强,这使得半刚性基层沥青路面容易出现反射裂缝及水损害等病害,甚至会过早地出现路面结构性破坏。这种结构性破坏,无法通过沥青面层的维修得到解决,往往成为"开膛破肚"式的大修作业,这是我国目前大部分半刚性基层沥青路面结构所面临的严峻问题[4]。这种问题致使路面服务性能降低较快,路面的服务年限缩短,许多道路设计使用寿命15~20年,实际服务年限却为5~8年,有的甚至出现了通车一两年内即进行大修的现象。路面使用寿命的降低,造成了极大的经济损失和不良的社会影响。

随着社会经济的发展,道路和人们生活的联系更加紧密,对经济发展产生越来越大的影响。道路维修产生的废旧材料造成的环境污染和自然资源的消耗,已成为重要的社会问题;道路性能的降低,使服务质量下降,影响人们的行驶舒适性。人们期盼着使用更加耐久、平整、安全、舒适及服务水平更高的道路。

因此,高速公路沥青路面的早期损坏问题,已经不是单纯的技术问题,已成为一个社会问题。在当前交通轴载和交通量迅猛增长的情况下,现有的路面结构形式和设计理论已经难以解决目前高速公路路面工程的建设问题。

近些年来,人们对长寿命沥青路面这个新概念产生了很大的兴趣。长寿命沥青路面(Long-life Asphalt Pavements)的概念出现在20世纪60年代,当时一些国家开始修建全厚式沥青混凝土路面(Full-depth Asphalt Pavement)和高强度厚沥青路面(Deep Strength Asphalt Pavement),其目的是要使路面的使用寿命大大延长[7]。全厚式沥青路面直接修筑在路基上,而高强度厚沥青层路面是铺筑在相对薄(4~6in,1in=0.025 4m)的粒料基层上。这种路面结构的一个主要优点是整个路面部分比铺筑在厚粒料基层上的路面薄,这种路面还有一个优点是,通过减小沥青层底拉应变显著减小潜在的疲劳开裂。该设计理念是要建造一个不会发生结构性破坏且表面层材料可以很容易地根据需要进行修复的路面结构。"长寿命路面"是一种路面使用年限较长的结构设计与维护概念。美国沥青路面协会(APA)[8]认为:长寿命路面(美国习惯称之为永久性路面,Perpetual Pavements)是指设计年限达50年的沥青路面,在设计年限内无结构性修复和重建,仅需根据表面层损坏状况进行周期性的修复。另外,美国国家沥青技术研究中心(NCAT)的一项研究认为,当车辙出现在厚式路面时,它可能局限于路面结构上部2in范围。当这种现象发生时,一个较为经济的处理方案是铲除结构上部层材料并用同样水平的材料取代。欧洲长寿命路面研究小组(ELLPAG)[9]对长寿命路面采用了一个相似的功能性定义:经过合适的表面维护,路面基础和基层在使用中不会出现明显损坏的路面叫长寿命路面。这个定义主要避免了一个寿命长度,如30年、40年或50年。长寿命路面在维护和修复条件良好的情况下,应可以使用40年以上。Michael Nunn[10]在1998年指出,即使是低强度的柔性路面,在承受很大的交通荷载长时间冲击时也不会破坏;他还指出,现有的超过370mm厚的面层几乎可以在不产生疲劳开裂或车辙等破坏情况下承受无限次的轴载作用,这些高强度厚路面只在表面观测到贯穿裂缝和车辙。图1-1为2002年AASHTO(美国国家高速公路和交通运输协会)新设计指南研究成果[11],为沥青层底开裂引起的路面开裂率随沥青层总厚度变化的关系。从图1-1中可以看出,对于不同的开裂率来说,沥青层厚度在2~4in(5~10cm)范围内开裂最为严重,而当沥青层的厚度大于8in(20cm)时,沥青路面的开裂率一般都能控制在5%以内。

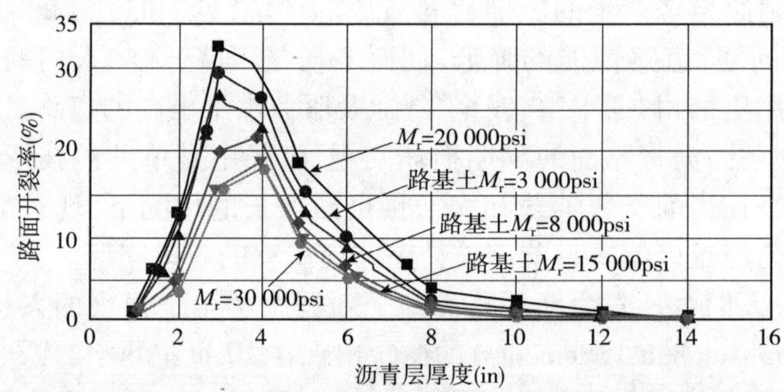

图1-1　沥青层底开裂引起的路面开裂率随沥青层总厚度变化情况

注:M_r表示回弹模量。1psi = 0.068 95MPa;1in = 0.025 4m。

因此,要尽可能降低沥青路面开裂,必须加厚沥青层的厚度,当沥青层的厚度超过20cm时,沥青路面开裂率会大大减小。但如果这些表面裂缝和车辙在对下层路面结构产生损害前就进行适时处理,路面的寿命将大大延长。研究人员基于这一原则并结合路面材料研究建立了一个基本的长寿命路面结构的概念。这个概念就是在较强路面基础上铺筑三层热拌沥青混合料(HMA)厚沥青层,每层在路面使用过程中发挥着不同功能。

长寿命路面是一个服务寿命超过40年且在该服务期内没有主要结构性修复或重建的耐久性厚沥青路面结构,通常为重交通路面结构设计[12]。然而,由于路面上面层的表面病害,它们都受到定期表面维修和/或重建;认为不存在诸如疲劳裂缝和/或车辙等深层次的结构性病害,如果存在,也是很小的。就这些路面结构而言,病害和维修活动仅局限于易受影响和容易更换的路面表面层部分。因此,当表面病害达到临界水平时,通常较经济的解决方法是更换或在表面层上进行简单的罩面。这对重交通公路尤其重要,因为公路交通延误及交通封锁的成本太高。总而言之,长寿命路面的好处主要包括[13]:

(1)对大交通量和重载具有较高的承受能力。

(2)使用寿命长且不需对主要结构进行修复或重建。

(3)较小的交通延误、重建及寿命周期成本。

由于长寿命路面明显较厚或结构层较多,因此可以推测,长寿命路面的初期建设费用比常规沥青路面可能要高。然而,上述的好处,一般可能会等同或超过这一影响;特别是长寿命路面能够作为解决公路交通荷载日益增加问题的解决方案。

长寿命路面在结构设计合理的情况下,通过精心施工,其结构寿命将比设计寿命长,同时能承受较大的交通荷载。为了达到上述要求,长寿命路面结构必须满足:①有足够的结构强度来抵抗诸如疲劳裂缝、永久变形或车辙等结构病害;②有足够的耐久性来抵抗交通荷载和环境(如水损害)所带来的损伤。因此,长寿命路面设计应包括:①设计具有足够刚度、抗车辙性能的路面上部结构层;②设计足够的总路面厚度;③设计具有一定柔韧性的沥青底层以避免由下而上疲劳裂缝的发生。像其他一些路面结构一样,一个坚实稳定的基础是支撑长寿命路面结构、交通荷载及减小由于环境影响所引起的季节性变化(冻融和含水率)的关键。目前国外长寿命沥青路面的力学设计过程主要是基于以下两个极限响应标准[14]:

(1)沥青底层的层底水平拉应变 $\varepsilon_t \leqslant 70\mu\varepsilon$。

(2)路基顶部的垂直压应变 $\varepsilon_v \leqslant 200\mu\varepsilon$。

符合这些路面响应标准的永久性路面结构,可以被认为在结构上足以抵抗疲劳开裂和车辙。否则,层厚和材料特性就需要进行修改。美国的 Timm D. H 等人[15]开发的 PerRoad,一个基于数值软件的力学—经验法通常用于结构分析和层厚设计。

通常,长寿命沥青路面结构包括但不限于防渗、耐久、耐磨的上部结构层,一个抗车辙、结构强度大的厚中间层和一个铺筑在稳定及高强度基础上的抗疲劳柔性底层。层厚依据交通荷载、环境位置和材料(混合料)设计而变。然而,抗车辙层是最厚的结构层,以便提供足够的承载能力。图 1-2 所示的是一个长寿命路面典型结构和一些推荐的层厚。

目前对于长寿命路面的设计寿命,国内外尚无统一标准,各国对长寿命路面的期望值为 30 ~50 年不等(表 1-1)[9];但都认为这种厚式沥青路面在材料和工程质量达到要求的前提下,不管是交通荷载还是环境条件都不会引起路基和路面基层的破坏,任何可能发生的破坏只与面层有关,避免了传统的沥青混凝土路面疲劳开裂和永久变形这两类最主要的破坏形式。

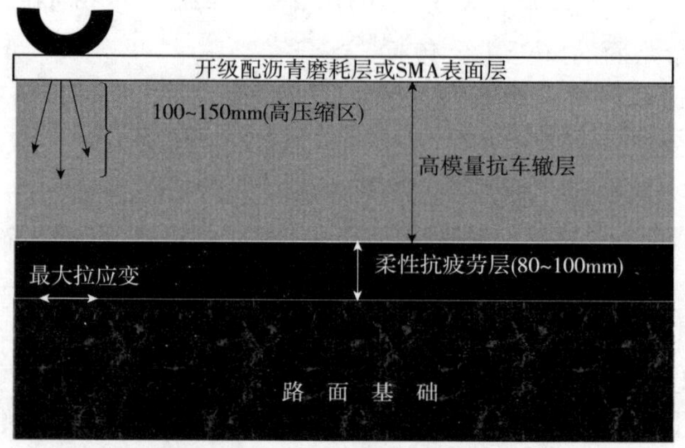

图 1-2 长寿命沥青路面典型结构

世界各国家、地区或机构长寿命路面的设计寿命 表 1-1

国家、地区或机构	西弗吉尼亚州	堪萨斯州	俄亥俄州	华盛顿州	威斯康星州	犹他州	加利福尼亚州
年限	40	30	35	40	50	30 ~ 50	35
国家、地区或机构	科罗拉多州	伊利诺斯州	夏威夷州	AASHTO	俄勒冈州	FHWA	西班牙
年限	40	40	30 ~ 50	30 ~ 50	30 ~ 35	不小于 35	30
国家、地区或机构	德国	英国	法国	南非	日本	加拿大	澳大利亚
年限	30 ~ 40	40	30 ~ 40	30 ~ 40	20 ~ 40	30 ~ 40	20 ~ 40

从上面的分析可知,长寿命沥青路面的实质就是路面在设计使用寿命期间不会发生结构性破坏,它并不是一直不破坏,而是指路面的损坏仅发生在路面的上层,维修时不需要进行结构性处理,只需将表层混合料铣刨,并换成等厚度的新混合料即可,维修十分方便;其理念应该是通过对沥青路面结构的优化,合理设置路面各结构层的位置和层厚,从而延长沥青路面使用寿命,使其成为长寿命和维修成本较低的路面结构。

我国高速公路沥青路面建设与研究尽管已有 20 多年的历史,但与西方发达国家相比仍有较大的差距。现行的设计理论、方法、参数都是建立在传统的低等级公路基础上,而应用于当前的高速公路建设,特别是重载作用下的高速公路沥青路面设计与施工指导还存在较大的局限性。因此,为了提高公路沥青路面的整体质量,减少路面的维修,提升公路路面服务水平,降低原材料消耗,节约能源资源,提高公路的经济社会效益,很有必要更新我国现行的沥青路面设计理念,借鉴发达国家先进的技术经验,改进设计方法,调整路面结构,延长路面使用寿命。

1.2 国内外研究综述

1.2.1 国外的研究

发达国家沥青路面经过了近百年的发展,到今天其技术已经相当成熟,且沥青路面结构形式多样,主要以柔性基层沥青路面为主,组合式基层路面结构、刚性基层路面结构、半刚性基层路面结构等为辅,路面可选方案较多(表1-2)[16]。各国根据各自矿料资源、主要气候环境、交通状况以及经济条件来选定经济、合理的沥青路面结构。在各种路面结构中,厚沥青层的沥青路面虽然也同样承受着大交通量和重荷载的作用,但却仍然保持着良好的使用性能。

西方国家高速公路采用的沥青路面结构(单位:cm)　　表1-2

国　家	沥青面层及厚度	基层及厚度	底基层及厚度
美国	沥青混凝土(4+9)	沥青贯入(17.5)+水泥碎石(16)	砂砾(25)
	沥青混凝土(5)	沥青碎石(19)	砂砾(15)+加固层(15)
	沥青混凝土(7)	沥青碎石(12)	级配砂砾(75)
德国	浇筑沥青混凝土(3.5)+沥青混凝土(3.5+5)	砂砾沥青混凝土(18)	贫混凝土(15)+防冻层(30)
	沥青混凝土(4+3+5)	沥青稳定碎石(18)	级配砂砾(15)+防冻层(30)
	沥青混凝土(12以上)	水泥结粒料	
法国	沥青混凝土(3+4)	沥青碎石(16)+水泥处治粒料(10~35)	砂底基层(15)
荷兰	沥青混凝土(4+4)	沥青稳定砂砾(12~18)	水泥稳定砂砾(15~40)
瑞士	沥青混凝土(3+4)	沥青碎石(11)	砂砾(30)+水泥处治砂砾(20)
瑞典	沥青混凝土(5)	沥青碎石(7.5)	水泥稳定砂砾(18)
波兰	中粒式+粗粒式沥青混凝土(3+7)	沥青碎石(8)+水泥石屑(27)	水泥石屑(路拌)(12)+砂砾(50)
澳大利亚	沥青混凝土(7.5)	级配碎石(15)+石灰稳定砂(30)	补强层(25)
日本	中粒式+粗粒式沥青混凝土(10)	沥青碎石(15)	水泥稳定碎石(25)

图 1-3　现场钻芯试件的表面 Top-Down 裂缝

调查发现[17]，较厚的沥青层、精心施工的柔性沥青路面不会发生结构性损坏，其病害为非结构性损坏，如车辙和开裂，仅限于路面顶部（图 1-3），即厚沥青层道路不会出现沥青基层由下至上的疲劳裂缝或来自于路面结构深层的变形，此时的车辙和裂缝不表示道路的整体结构不足，只要通过罩面修复就能使基层结构保持良好。这些路面性能的调查为各国长寿命沥青路面设计理念的发展提供了重要的理论依据。

厚沥青层沥青路面的良好性能在很多国家重载交通道路上被证实[18-20]。如英国高速公路 M62、M5、M1、M4 及 M25 等，德国 A5、Hamburg 高速公路，法国 Periphérique 高速公路、Stered 高速公路，意大利 Del Sole 公路，奥地利 Brenner 公路以及美国各州的很多高速公路，这些道路都是重载交通，沥青层厚 20 ~ 35cm，一直都处于良好的使用状态。

1）欧洲国家的长寿命路面研究

英国在 20 世纪 60 年代初期修筑了多条设计寿命为 20 年的试验路，在分析这些试验路路面性能的基础上，Powell 等人于 1984 年提出的设计理论，主张道路使用 20 年后通过对原路面的补强来实现 40 年的设计寿命，并提出了以计算结构层中临界位置的响应为理论基础。早期这种方法假设路面结构损坏源于车辆的重复荷载作用，不管面层有多厚，开裂或者结构性的车辙最终将不可避免[21]。然而，Nunn 等人在 1997 年发现，沥青路面面层存在一个厚度极限，在施工良好的道路中层厚超过这个厚度值，由下到上的疲劳开裂和结构性的车辙都可避免；他们认为，当累计标准轴载作用次数（ESAL）超过 8 000 万次时，沥青面层厚度不再需要增加[10]。这意味着交通量的增大并不需要沥青面层厚度的无限增加。这是因为在沥青面层层底存在一个极限弯拉应变水平，当层底应变处于这个水平以下时疲劳损坏就不会发生，再增加厚度是多余的，而这一应变水平即为疲劳极限。

在英国提出了长寿命设计理念后，迅速传遍欧洲，此后，法国、德国、意大利等发达国家先后各自提出了长寿命路面的理念。欧洲国家的长寿命路面理念可归纳为以下几点。

（1）使用寿命：大于 40 年。

（2）裂缝：裂缝产生于沥青面层表面并由上向下发展（Top-Down 裂缝），绝大多数为纵向裂缝，位置在轮迹两侧，也有横向表面裂缝，但很少见。

(3)车辙:Nunn[10]等人发现,厚沥青路面存在一个厚度极限,超过这个限值,自下而上的疲劳开裂和结构性车辙都不会发生,即只会发生表面层车辙。

(4)疲劳寿命:数据统计分析表明,90%多的残余寿命差别是由沥青用量和沥青硬度的不同而引起的,沥青的老化则是疲劳寿命差异的主要影响因素。

(5)沥青的养生:主要结构层的逐渐硬化对道路有利,确切地说,沥青的老化是一种养生过程,但不希望磨耗层过度老化,否则会导致路面从表层开裂。

研究表明,基层使用的沥青针入度为100(0.1mm),20年后其针入度会降至20(0.1mm)甚至更低。英国道路运输研究所(TRL)对沥青混凝土养生研究表明,道路在使用期间,沥青碎石基层劲度会逐渐增长至原来的4倍或者更高,这种变化对长寿命路面的设计有重大意义[22]。

(6)路面强度:沥青在养生作用下道路劲度随时间增加,路表弯沉随时间而减小;施工良好的厚沥青路面荷载扩散能力提高,沥青基层不会出现因交通诱发的破坏。

(7)材料选择:采用刚度更大的基层材料,如HMB15、HMB25、HMB35三种高模量沥青混合料[23]。英国将硬质沥青与长寿命路面结构的使用相结合。

另外,欧洲还专门成立了长寿命路面研究小组,主要报道欧洲长寿命路面的研究现状,特别是关于如何设计、建造和养护长寿命路面,以及如何使柔性路面的结构寿命较长[9]。他们的研究目标是:

(1)确定不发生结构破坏的路面设计、施工、评估和养护的最佳方法。

(2)更好地理解长寿命路面正确施工和养护的经济可行性。

(3)更好地理解路面的破坏机能和路面分类,特别是长寿命路面。

(4)鼓励使用长寿命路面设计和养护方法。

沥青面层或沥青碎石基层在层底拉应变很小时,可以承受相当大数量的荷载作用而不发生疲劳破坏;沥青混合料的疲劳应变小于“应变下限”时,材料内部将不发生疲劳损坏的累积。

2)美国的长寿命路面研究

早在20世纪70年代,沥青路面的车辙便首次成为美国西部一些州路面早期损坏的主要问题,而此时在东部一些州路面车辙现象则不明显;到了20世纪80年代,东部一些州的路面车辙现象逐渐严重起来,沥青路面过早损坏引起了美国普遍关注。通过对沥青路面进行大量研究,美国普遍认为调整路面结构和提高沥青混合料性能完全可以解决沥青路面因交通量和交通荷载增加而产生的车辙损坏问题。一直以来,美国注重积累大量的长期路用性能数据,通过对长期路面性能的分析,逐渐发现采用厚沥青层的全厚式沥青路面或者厚沥青层下卧粒料底基层的柔性结构具有最优越的结构性能。在此基础上,美国联邦公路局(Federal Highway Administration,简称FHWA)逐渐提出了一项永久性沥青路面(即欧洲的长寿命沥青路面)计划,拟修建能满足消费者的安全需要、成本效益好并能有效维持其长寿命的路面[15]。工作重点集中在先进的路面设计体系、先进的质量评估体系以及改善路况和行驶质量上,这实际上是欧洲长寿命路面设计理念的发展。在努力修筑不需要在未来进行结构性修复和重建的耐久性路面方面,美国一些州在他们的重交通公路上采用了长寿命路面。实际上,一些州,如加利福尼亚州、伊利诺斯州、堪萨斯州、肯塔基州、密歇根州、新泽西州、俄亥俄州、俄勒冈州、宾夕法尼亚州、得克萨斯州、弗吉尼亚州、华盛顿州和威斯康星州已经用长寿命路面理念修筑了在服务的路面结构或试验路[20]。其长寿命路面通常采用柔性结构,路基强度较高时,可以采用全厚式沥青路面;路基强度不足时加铺粒料基层或沥青碎石基层。以下是美国一些州的长寿命(永久性)沥青路面的实践概况。

(1)美国加利福尼亚州[24-25]。

加利福尼亚州在1-710州际公路上修筑了一条长寿命(永久性)沥青路面。这条公路被称作Long Beach高速路,设计年限40年,累计轴载作用次数1亿~2亿次。旧的路面结构由上到下为:200mm水泥混凝土层,100mm水泥处治材料层,100mm粒料基层,200mm底基层。新的设计要求对大部分旧水泥混凝土面层打碎并与基层材料紧密接触,其上铺筑200mm的HMA和25mmOGFC。主要采用了全厚式和复合式两种路面结构。

其中,全厚式路面结构HMA部分总厚度为300mm。采用75mm的抗疲劳层,该层的沥青用量超过最佳用量0.5%,达到了5.2%,增加的沥青用量用于提高HMA的疲劳寿命。150mm厚的中间层所用材料的级配和沥青与HMA基层相同,但沥青含量为4.7%。中间层采用针入度较低的沥青将有助于抵抗车辙。上部75mm的面层结构采用聚合改性结合料PBA-5A,上覆25mmOGFC。

复合式路面结构的HMA总厚度为200mm,不再包括抗疲劳底层。与基层材料紧密接触的旧水泥混凝土层为沥青层提供了刚性基础,并能防止过大的弯拉应力造成的由下而上的疲劳开裂。

除此之外,用于复合式路面结构的材料与全厚式路面结构的材料完全相同。和全厚式路面结构一样,磨耗层采用25mmOGFC。所设计全厚式沥青路面结构是否合理,可根据单轴载为80kN时HMA沥青层的弯拉应变是否小于70$\mu\varepsilon$,及路基顶面垂直应变是否小于200$\mu\varepsilon$来判定。同时还需观测HMA表面层的剪切应力,以确保HMA层不发生车辙、推移等剪切破坏。该工程于2001年夏开工,2002年夏竣工。

(2)得克萨斯州长寿命沥青路面典型结构[19,25,28]。

2001年3月,得克萨斯州交通局(TxDOT)针对超过3 000万当量轴次的重交通公路发布了一个建议使用全厚式沥青路面的备忘录。这对应付日益增加的交通和尽量减少结构修复(重建)的次数及费用是必要的。迄今为止,得克萨斯州自2001年以来大约铺筑了8个长寿命沥青路面项目。

得克萨斯州的长寿命沥青路面主要由6个路面结构层组成。第4层是抗车辙硬层(如,25℃时模量≥500ksi,1ksi = 68.95MPa),为了确保有足够的荷载扩散能力,其最小厚度应不小于8in(20cm);第5层是具有一定柔韧性的、典型的高沥青含量抗疲劳层,由于其特有的高沥青含量,因此这层一般被定义为富沥青底层(RBL);第3层是一个过渡性的承载层;第1层(PFC)和第2层(SMA)是路面磨损、风化、热裂缝、抗车辙性、防渗水性、安全性和耐久性等特性的补充层。总之,上部结构层(受到最严厉的交通和气候条件影响)为了防止车辙,一般采用较高的沥青结合料PG等级来设计;而最底层(RBL)为了满足抗疲劳性能,采用相对较低的沥青结合料PG等级。第6层和路基主要是为路面提供支撑的基础。显然,得克萨斯州长寿命沥青路面理念比传统的长寿命路面理念(图1-2)更保守,其包含更多的层次且路面总厚度更厚。理论上,得克萨斯州长寿命沥青路面预计会有更好的结构能力,然而,最终的实际性能却包括材料、混合料设计及施工等许多变量的函数。

得克萨斯州长寿命沥青路面目前的结构(厚度)设计和分析是在力学—经验法的基础上,采用基于Windows的柔性路面设计系统软件版本19(FPS-19W)进行的。为了满足所需设计的检验标准,根据用户提供的组合层厚度范围和材料性能,FPS-19W软件利用WESLEA线弹性分析系统对力学—经验法(M-E)结构响应进行分析;同时利用PerRoad软件来检验长寿命路面的设计。

(3)美国密歇根州[14,30]。

密歇根州沥青路面协会与Fugro-BRE有限公司合作,开发出一种用于长寿命路面结构设计的程序。VonQuintud运用力学方法并使用ELSYM5计算机程序来计算路面结构的应力和应变。这种方法提供了一种观念,即设计年限超过40年的面层结构的选择决定于累计损坏。VonQuintud采用了这一方法来确定长寿路面各结构层厚度的合理范围。密歇根州路面基层由1m厚的抗冻层及上覆盖层构成。当设计年限为20年,设计累计标准轴载作用次数为300万~1 000万次时,上覆层为碎石集料底基层;当设计累计标准轴载作用次数为2 000万~3 000万次时,上覆层采用碎石基层。其面层总厚度范围为290~425mm。VonQuintud建议HMA基层需保证3%的间隙率以缓解由下而上的疲劳开裂。面层混合料的选择根据设计年限20年累计标准轴载作用次数进行选择,在累计标准轴载作用次数为300万~

1 000万次时,采用密级配沥青混合料;累计标准轴载作用次数为2 000万~3 000万次时,选用SMA混合料。

从上述分析可以总结出美国长寿命路面的特点是:①欧洲设计理念的延续和发展;②使用寿命大于30年,罩面层15~20年以后进行修复;③结构形式为全厚式沥青混凝土路面和高强度厚沥青路面的发展;④提出疲劳极限的概念。

美国长寿命路面常见结构类型如表1-3所示。从表中可看出,通常采用柔性结构,路基强度较高时,可以采用全厚式;路基强度不足时,可加铺粒料基层或沥青碎石基层。

美国长寿命路面常见结构类型 表1-3

加利福尼亚州	25mmGFC+75mm中面层+125mm下面层+200mm处置后的水泥破碎板+150mm水泥处治基层
密歇根州	组合①:50mmSuperpave+65mm中面层+100mm下面层+380mm基层+345mm抗冻处置土基。 组合②:50mmSuperpave+100mm中面层+140mm下面层+250mm基层+315mm抗冻处置土基。 组合③:100mm上面层+165mm下面层+330mm基层+220mm抗冻处置土基。 组合④:100mm上面层+205mm下面层+430mm基层+200mm抗冻处置土基
威斯康星州	组合①:50mm上面层+90mm中面层+90mm下面层+100mm开级配基层+200mm碎石基层。 组合②:50mm上面层+90mm中面层+90mm下面层+100mm开级配基层+430mm破碎结合料基层

可以看出,随着一些西方国家沥青路面应用技术发展和实践经验的积累,沥青路面结构设计和设计理念取得了进一步发展,近十几年在路面结构技术上主要有以下重要发展趋势:

(1)增加路面结构设计年限,由以前的15~20年,提高到现在的30~40年,甚至50年。

(2)增加沥青层的厚度。有些国家甚至规定,沥青层不小于18cm或者20cm,最后达到40~50cm。

(3)提高路基土的强度。

1.2.2 国内的研究

对于如何延长沥青路面结构使用寿命、防止沥青路面早期损害这个问题的研究,我国道路工作者一直在进行不懈的努力。2004年以前,半刚性基层沥青路面一直是我国高等级公路路面的主要结构类型,路面结构比较单一(表1-4)[31-33],这主要受当时经济建设水平的制约,同时也反映了当时高速公路建设的现状和水平。除京津塘和广深高速公路沥青层较厚外,其余高速公路的面层厚度一般均在15~18cm之间,极少数甚至不超过10cm。广深高速公路沥青层厚32cm,其中面层厚22cm,基层采用组合式,上基层为10cm的沥青碎石,下基层为23cm的水泥稳定碎石,底基层采用23cm的级配碎石,垫层为厚22~32cm的未筛分碎石;京津塘高速公路沥青混合料层厚23cm,其中包括12cm的沥青碎石上基层。从使用情况来看,这两条高速公路早期破坏现象较其他高速公路少。2002年5月起对广深高速公路全路段的路面进行了检测,裂缝类的破坏比较少,较厚的面层对防止反射裂缝、疲劳裂缝的产生起到了至关重要的作用,从而也减少了路面因裂缝而产生的各类早期破坏现象。表中基层多采用水泥、石灰、粉煤灰等无机结合料稳定粒料,根据层厚分一到两层铺筑,从使用情况较好的广深高速、京津塘高速公路来看,上基层采用沥青碎石等柔性基层能有效地减少裂缝病害的发生,底基层一般根据当地建筑材料铺筑。

我国高速公路典型路面结构(单位:cm) 表1-4

道路名称	面层及厚度	基层及厚度	底基层及厚度
沪嘉高速	中粒式+粗粒式+沥青贯入(17)	粉煤灰三渣(46)	砂砾(20)
广佛高速	中粒式(4)+粗粒式(5)+沥青碎石(6)	水泥级配碎石或石屑(25)	水泥石屑或水泥土(28)
沈大高速	中粒式(5)+粗粒式(5)+沥青碎石(5)	水泥砂砾(20)	砂砾或矿渣(20)
京津塘高速	中粒式+粗粒式+沥青碎石(23)	水泥稳定粒料或石灰粉煤灰碎石(25)	石灰土或水泥土(35)
京石高速(北京段)	细粒式+中粒式+沥青碎石(15)	水泥砂砾(20)	二灰砂砾(20)
京石高速(河北段)	中粒式(3)+沥青碎石(5)	水泥碎石(12)+二灰碎石(20)	石灰土(43)
广深高速	中粒式(4)+粗粒式(18)+沥青碎石(10)	水泥碎石(23)	级配+未筛碎石(55)
沪宁高速(江苏段)	4AC-16B + 6AC-25I + 6AC-25II(16)	二灰碎石(20)	二灰土(40)
沂淮江高速	4.5AK-16C + 5AC-25I + 7AC-25I(16.5)	二灰碎石(34)	二灰土(20)

同时,从表中还可以看到,我国沥青路面结构的总厚度和国外的结构总厚度较接近,但沥青层的厚度要比国外目前的厚度薄,也许正是这点厚度的减少,大大缩短了沥青路面结构的长期使用性能。

2004年后,一些大学和研究机构为了提高路面的使用寿命,结合国外路面结构研究状况,开始进行长寿命路面的相关研究工作。广东、河南、山东及江苏等省近些年也开展了长寿命路面相关技术的初步研究。

1)广东省云浮长寿命路面试验路

为了实践长寿命沥青路面的设计思想,2003~2004年间,广东省云浮市广云高速公路有限公司与同济大学合作在广梧(广州—梧州)高速公路广东省云浮市境内修筑了1 000m的三种长寿命路面试验段。该试验路段主要针对当前我国沥青路面的主要病害,从结构设计、材料设计、施工控制三方面综合考虑,力图在统一的设计思想下实现三方面的整体协调,提出理论上先进、实际上可行的具体措施,严格控制原材料性质和设计施工的各个环节,从而达到提高路面质量的最终目的[34-36]。其采用的路面结构如下:

(1)长寿命柔性路面

长寿命柔性路面(K18+260~K18+800左幅)的磨耗层为聚合物改性沥青SMA-13,厚4cm;中间联结层为紧密骨架密实结构SAC-20I(加1%橡胶粉形成高模量沥青混凝土),其功能是抗永久变形,厚13cm;下面层为AC-25I抗疲劳层(级配偏细),厚15cm,沥青面层总厚32cm。

基层为2%水泥用量、厚20cm的水泥稳定碎石,底基层为20cm级配碎石,路面总厚度为72cm。

从整个路面结构组成设计来看,此试验路与国外的长寿命柔性沥青路面结构类似。

(2)组合式基层沥青混凝土面层

组合式基层沥青混凝土面层总厚32cm(K17+818~K17+940左幅)。该路段表面层为4cm聚合物改性沥青SMA-13,中间层为高模量沥青混凝土AC-20I,底面层为抗疲劳层(级配偏细,沥青偏多),厚20cm的4%水泥稳定碎石基层,15cm级配碎石底基层。

(3)半刚性基层沥青路面

半刚性基层沥青路面(K18+800~K19+300左幅)的表面层为4cm厚改性沥青SMA-13,中间层为13cm厚高模量沥青混凝土抗车辙层,SMA-20I分两层施工,底面层为8cm厚AC-25I(级配偏细,沥青用量偏多)抗疲劳层,沥青面层总厚

32cm,底基层为15cm厚级配碎石。

由于云浮市是大方块饰面石板加工基地,虽然试验路所在地区交通量不大,但货车载质量不小。2008年3月该试验路沥青面层已产生严重辙槽,沥青混凝土产生了严重剪切形变。由于车辙两侧沥青面层鼓起过高影响交通,不得不局部铲平。同时,此试验路还有多处已修补的坑洞式水破坏。试验路附近常规的半刚性基层沥青路面路段却没有这些破坏现象。该试验路的失败,可能是施工等原因造成的。

2)江苏沿江高速公路多种长寿命沥青路面试验路

2004年8月,江苏省交通厅与交通部公路科学研究所、东南大学合作共同在沿江高速公路修筑了采用5种路面结构的4.8km长寿命沥青路面试验路,同时在通启高速公路修筑了3.8km试验段,此试验段采用了不同类型的路面结构形式[37-38]。路面结构总厚度约为76cm,其采用的路面结构形式如下:

(1)长寿命柔性路面

长寿命柔性路面(K173+513~K174+524,长1 011m)的路面结构为4cm(SMA-13)+6cm(AC-20I)+8cm(AC-25I)SBS改性沥青混凝土面层(以下第3段和第4段的面层相同),其下为2×9cmAH-70沥青稳定碎石基层,再下为9cm改性富沥青疲劳层、16cm级配碎石底基层和15cm二灰处治路基土。从路面结构组成角度分析,试验路设计理念与澳大利亚重载交通柔性路面设计理念基本相同。其差别主要有两点:一是澳大利亚在工作平台上的沥青混凝土层总厚只有27cm,此长寿命柔性路面试验路在工作平台有45cm厚沥青混凝土,超过澳大利亚重载交通柔性路面厚度近一倍;二是澳大利亚的沥青混凝土基层使用了AH-20硬沥青,而此长寿命柔性路面使用的是价格高得多的改性沥青,抗永久形变能力比AH-20硬沥青差很多。

(2)刚性组合式路面Ⅰ

刚性组合式路面(K174+524~K175+164,长640m)的路面结构为4cm厚SBS改性沥青SMA面层+6cm改性沥青AC-20+26cm厚连续配筋水泥混凝土+20cm厚水泥碎石+20cm二灰土。

(3)刚性组合式路面Ⅱ

刚性组合式路面(K175+164~K175+765,长601m)的路面结构为6cm改性沥青SMA+24cm连续配筋水泥混凝土+26cm水泥稳定碎石基层+20cm厚二灰土底基层。

(4)倒装式厚沥青面层结构

倒装式厚沥青面层结构(K175+765~K177+515,长1 750m)的面层为18cm

(4cm +6cm +8cm)沥青混凝土面层,其下为厚7cmAH-70 沥青稳定碎石基层(沥青胶结料层总厚 25cm),再下为 15cm 厚级配碎石、16cm 厚水泥碎石和 20cm 厚二灰土。

(5)半刚性基层厚沥青面层

半刚性基层厚沥青面层(K177 +515 ~ K179 +134,长 1 691m)采用的是 18cm (4cm +6cm +8cm)SBS 改性沥青混凝土面层,其下为厚7cmAH-70 沥青稳定碎石,再下为31cm 厚水泥碎石基层、20cm 厚二灰土底基层。

此试验路的地基和土基的施工相当严格认真。由于沿线都是水稻田地区,将田地表层的植物根系挖除后,先用石灰处理原地基。修筑路基时,如土的含水率偏大,难以达到规定压实度时,采用5%石灰处治,再碾压密实。到土基上层80cm(俗称95 区)时,不论土的含水率是否合适,一律都用8%石灰土处治。

虽然路基经过了严格认真的处治,但是路面的承载能力还是在增大,第一段柔性路面的承载能力过一年增大约一倍,过两年几乎又增大21%,仅第三段的代表弯沉值无明显增大,可能是路基不均匀性引起。

3)河南尉许高速长寿命刚性组合式路面

河南省交通系统应用长安大学王选仓教授所提出的“沥青混凝土表层+改性沥青应力吸收层+水泥混凝土面层+防水联结层+半刚性基层”这种有别于国外路面结构形式的长寿命路面结构,在河南省尉氏至许昌高速公路上按长寿命刚性复合式路面设计并铺筑的路面结构形式,是国内最长的一条长寿命路面[39-40],也是国内比较有代表性的长寿命路面。它采用了“柔+刚+柔”(沥青混凝土+水泥混凝土面层+沥青联结层)的路面结构新思路[36]。其路面结构为:4cm 改性沥青混凝土层+2cm 应力吸收膜中间层(其功能是减少反射裂缝)+28cm 水泥混凝土+1.5cm 防水联结层+18cm 二灰碎石基层+20cm 石灰土或固化剂路基改善层,路面总厚度 73.5cm。

另外,交通运输部公路科学研究院、长安大学、同济大学以及华南理工大学等对长寿命路面进行了一些研究[41-44],并相应地铺筑了试验路,为引入长寿命路面、解决长寿命路面的关键技术作出了卓有成效的贡献。由公路科学研究院沙庆林院士主持的西部交通科技建设项目——重载交通长寿命沥青路面关键技术研究项目,揭开了我国长寿命路面的研究序幕[45]。该项目研究的对象是重载交通高速公路的半刚性基层沥青路面。试验路路面结构按照“强基优面稳土基”的路面设计理论进行设计,研究 SAC 沥青混合料和 CBG 水泥稳定碎石级配设计理论和检验方法。研究采用了沥青膜水平隔断层和竖向防水土工膜保持土基强度稳定的措施,采用加厚半刚性基层的方法来防止基层的结构性破坏。项目研究的目的是要成功铺筑一条长寿命半刚性基层沥青混凝土面层试验路,路面结构在40年内不产生结构性破坏,在10年内沥青面层的辙槽深度小于15mm,不需维修处理。

1.3　存在的问题

综合国内外研究的情况,虽然世界各国对长寿命路面进行了一系列的研究,但至今还没有形成统一的设计理论、方法;到目前为止,长寿命路面设计方法在设计参数、设计标准上还没有一个统一的标准,仍处在发展完善阶段。近些年来,我国的沥青路面结构设计主要有两种趋向,即厚半刚性基层沥青路面设计思想和厚沥青层设计思想,且相当一部分的道路工作者认为加厚沥青层对防止路面早期损害比较有效,但现行规范仍然采用传统路面设计的思路。面对国外沥青路面大量采用全厚式沥青路面和高强度厚沥青路面两种长寿命路面结构形式的情况,对于是不是只有这两种形式才能达到长寿命路面的要求,我国最近几年在高速公路大量采用的组合式基层沥青路面和采用级配碎石倒装式基层沥青路面结构是否可以满足长寿命路面要求,以及国外的全厚式沥青路面是否能直接用于设计等一些问题的认识,在国内道路界还不够深入。因此,如何依据我国沥青路面结构的实际情况,打破沥青路面传统设计思想,结合发达国家的长寿命路面研究成果,采用新的路面设计理念,使设计和铺筑的路面结构达到长寿命沥青路面结构的要求,是目前亟待研究和解决的问题。

长寿命沥青路面是一种新型的路面结构形式,其损坏方式和机理与传统的路面结构有显著的差异,传统路面损坏规律的研究成果无法完全应用在新型的长寿命沥青路面损坏研究上,需要在传统研究成果的基础上重新全面认识长寿命沥青路面病害的规律,为长寿命沥青路面的设计和应用奠定基础。

长寿命路面代表了高等级公路路面结构选择和设计的新趋势,是国际道路工程界提出的一项新技术。这种路面结构基本上可以消除传统上普遍存在的疲劳损坏,使路面结构与受力相协调,能有效防止路面早期损坏的出现,在重交通条件下具有较长的使用寿命。当然,要使路面结构达到长寿命,路面结构的合理组合与匹配极其重要。但目前关于长寿命沥青路面结构的研究大都倾向于定性分析;鲜有在轮载作用下力学动态响应分布特点的基础上,分析不同路面结构的损伤特征,进行损伤行为分析,并通过结构层寿命的合理匹配分析来确定合理的长寿命路面结构研究。我国现行的路面设计规范中主要以设计弯沉作为路面结构厚度设计指标,难以满足长寿命沥青路面的设计要求。鉴于此,一方面需依据路面结构力学响应分布研究长寿命沥青路面病害、破坏行为及设计控制指标；另一方面则应按照以上病害分析、设计指标及有关材料参数通过路面结构层寿命的合理匹配分析等来确定合理的长寿命路面结构，为长寿命沥青路面在我国的推广应用奠定坚实的基础。

第 2 章　沥青路面结构、主要破坏类型及分析

沥青路面是我国高速公路的主要路面结构形式，具有美观、舒适、平整、噪声低等特点。“七五”以来，为了降低造价，我国广泛采用半刚性基层沥青路面结构，其主要承重结构是半刚性基层与底基层，沥青面层在使用期间主要发挥防水、抗滑、平整、减噪等功能。但随着交通的迅猛发展，公路上的交通量以及汽车荷载的不断持续增加，按现行路面设计体系和设计标准设计的路面常常不到设计年限就出现损坏，特别是基层破坏更为严重，通常需要大修。而路面大修必然造成交通的拥挤或堵塞，延长用户的通行时间，增加油耗，使整个社会成本增加。因此，目前的路面结构特别是半刚性沥青路面结构，在整个寿命周期成本内是不经济的。可见，如何提高路面的使用寿命，降低路面全寿命周期成本为当务之急。

长寿命路面结构组合对基层提出的要求是具有优良的抗疲劳性能。对于半刚性基层来说，尽管其强度越高，疲劳寿命就越长，但是其收缩开裂越严重，这是相互矛盾的；而裂缝的存在不仅使车辆行驶质量下降，而且也破坏了路面结构整体性和连续性，并在一定程度上导致结构强度的削弱。而且随着雨水或雪水的浸入，基层变软，在大量行车荷载反复作用下，路面强度大大降低，产生冲刷和唧泥现象，使裂缝加宽，裂缝两侧的沥青路面破碎，加速沥青路面的破坏，从而影响公路使用质量和寿命。

为此，近几年来我国高速公路沥青路面在原半刚性基层路面基础上出现了多种沥青路面结构形式，而哪一种结构形式通过合理的层位组合和厚度设计可以满足长寿命路面要求，目前还存在许多问题。因此，为了给今后的长寿命沥青路面损伤行为分析和结构设计提供一定的基础，本章在现有理论的基础上，结合国外沥青路面结构形式，着重对我国目前各种沥青路面结构形式进行了分类分析。分析结果认为：由于沥青层厚度的增加，基层类型由原来的半刚性基层变化为组合式基层结构，尽管与国外全厚式沥青路面和高强度厚沥青路面结构等长寿命路面结构还存在差异，但通过对长寿命路面理念的应用研究以及路面材料、结构设计的进一步改善，这种组合式路面结构可以满足长寿命路面的要求。在沥青层与半刚性层之

间设置级配碎石层的倒装式沥青路面结构,实际上与国外的高强度厚沥青路面结构类似,只不过我国的半刚性结构层强度要高于其无机结合料处治路基土。

另外,为了进一步了解各种病害的主要控制因素,明确沥青路面结构设计的主要材料参数和控制指标,为后面部分长寿命沥青路面损伤行为和结构设计分析提供理论基础,本章还分析了沥青路面的病害形式及长寿命沥青路面的主要病害。

2.1 沥青路面结构形式与分析

路面结构层由面层、基层和底基层组成。由不同类型材料组成的结构层,可以采用不同方案组合成具有不同结构特性的路面结构。根据国内外沥青路面结构使用状况,沥青路面结构层组合按沥青路面基层材料类型的不同可分为三大类结构层组合方案[46]:

(1)选用各种粒料做基层的粒料类基层沥青路面。

(2)选用各种沥青结合料类材料做基层的沥青类基层沥青路面。

(3)选用各种无机结合料类材料做基层的无机结合料类基层沥青路面。

而各大类中,又可以按底基层材料的不同分为粒料类底基层、无机结合料类底基层和沥青结合料类底基层三类。其体现为不同的沥青路面结构类型,一般分为柔性基层沥青路面、半刚性基层沥青路面及倒装式和组合式基层沥青路面(也有把倒装式和组合式基层统称为组合式或混合式基层)。其中,柔性基层沥青路面可分为沥青稳定基层沥青路面(即国外的全厚式沥青路面)和粒料基层沥青路面。

2.1.1 柔性基层沥青路面

柔性基层沥青路面是各国沥青路面主要结构形式之一,一般是由沥青稳定基层或粒料基层组成的,其结构组合如表 2-1 所示。

柔性基层沥青路面结构层组合 表 2-1

结构类型		柔性基层	
表面层		密级配沥青混合料、沥青玛蹄脂碎石(SMA)、开级配沥青磨耗层	
联结层		密级配沥青混合料	
基层	基层	级配碎石或沥青稳定层	沥青稳定层
	底基层	级配碎石	沥青稳定层

(1)粒料基层沥青路面

粒料基层沥青路面可以大致分为两类:薄沥青层+厚粒料基层结构与厚沥青层+粒料底基层结构。

薄沥青层+厚粒料基层结构，是中、低等交通量道路中最主要的路面结构类型之一，一般称为传统的柔性路面。如在英国，此结构中沥青层不超过20cm，粒料基层为18~46cm，粒料基层一般是沥青层厚度的2.5~3倍[47]。在美国，此结构中沥青层不超过20cm，粒料基层一般为20~80cm，结构中此类型厚度比值一般大于2；根据AASHTO 2002指南，对于(12~100)百万次标准轴载一般沥青层为20~31cm，粒料层为56~90cm(如果CBR<62MPa，根据情况还需要15~30cm处治路基土)，粒料基层一般是沥青层厚度的2.5~3倍[48]。在法国，此结构中沥青层厚度只有5~8cm，级配碎石基层为15~50cm。在德国，早期结构中级配碎石甚至达到60cm。各国大量实践经验表明，当粒料材料超过一定厚度时，增加粒料层对结构的贡献不大，且不经济；同时由于面层较薄，在交通量较大时，沥青层层底产生较大的拉应变而迅速产生疲劳破坏，因此不宜用于大交通量道路。此交通量最大限度在英国建议不宜大于1 000万次(标准轴载80kN)，而日本则为不大于700万次(标准轴载100kN)，美国AI要求为不大于1 000万次(标准轴载80kN)，法国为70万次(标准轴载130kN)[49]。

随着交通量的逐渐增加，薄沥青层+厚粒料基层结构，逐渐被厚沥青层+粒料底基层结构代替。厚沥青层+粒料底基层结构，在美国又被称为高强度厚沥青路面，并采用一定厚度的沥青稳定基层。该结构与全厚式沥青路面一起成为各国高速公路最主要的路面结构形式，在重、中交通量道路中得到大量使用。在英国，这种结构一般采用20~39cm沥青层，根据路基土承载能力采用15~35cm的粒料底基层或15cm粒料底基层+19~60cm垫层。在日本，一般为18~30cm沥青面层下卧10~30cm粒料底基层。在德国，一般为沥青层16~30cm，下面设15~25cm的粒料底基层，而且根据气候情况须设置一定厚度的粒料防冻层，以保证路面结构总厚度为45~90cm。在美国，一般为18~50cm沥青面层下卧10~35cm粒料底基层；根据AASHTO 2002指南要求，对于(12~100)百万次标准轴载，沥青层一般为29~53cm，粒料底基层为25~43cm。在法国，一般为13~27cm沥青面层下卧20~35cm粒料底基层。由以上数据可以看出，此类型路面结构中沥青层与粒料底基层平均厚度比值一般接近1或稍大于1。

这类路面结构的损坏类型，主要是路面结构和路基的永久变形(车辙)和沥青层的疲劳开裂。结构设计的主要任务是控制永久变形，避免出现过量的车辙和路表不平整。一方面，要限制粒料层和路基的应力水平，防止出现剪切破坏和产生过量的永久变形积累；另一方面，要控制沥青层的永久变形积累量。同时，要控制沥青面层的拉应变水平，防止出现疲劳开裂破坏。

(2)沥青稳定基层沥青路面(全厚式沥青路面)

全厚式沥青路面,在美国、德国、法国等国成为高速公路的主要结构类型之一,在重、中交通上得到大量应用。法国的全厚式沥青路面,对于沥青稳定砂砾基层的整个沥青层厚度一般为 23 ~ 47cm。德国的全厚式沥青路面沥青层厚度一般为 22 ~ 34cm。美国实际应用一般为 18 ~ 50cm,根据 AASHTO 2002 指南,对于(12 ~ 100)百万标准轴次对应的沥青层厚度一般为 29 ~ 43cm[48]。加拿大部分地区沥青层厚度一般为 15 ~ 35cm。

值得注意的是,在不同国家,全厚式沥青路面的概念有差别,与厚沥青层 + 粒粒底基层沥青路面的界限往往也不是很明确。

根据美国沥青协会 AI 指南最初的定义,美国全厚式沥青路面对路基一般不要求处治改善,仅在路基土模量低于 20MPa 或 CBR 小于 1.9% 时进行改善,改善的路基土只作为一个施工平台,不影响沥青层厚度。根据 AASHTO 2002 结构设计指南,当路基土等效模量大于 62MPa 时,才建议使用全厚式;如果加铺了无机结合料处治改善层或者设置了粒料层就不属于全厚式沥青路面。而美国各州如伊利诺斯州、得克萨斯州及新泽西州的全厚式沥青路面一般要求采用一定厚度的石灰稳定土改善层,但是如果设置粒料层,则为高强度厚沥青层路面。

法国全厚式沥青路面一般都要求设置一定厚度的粒料层或者无机稳定土、稳定粒料层;德国的全厚式沥青路面需要设置一定厚度的粒料防冻层;而英国的长寿命沥青路面(英国不称为全厚式沥青路面)一般采用较厚的沥青层,无结合粒料材料做底基层、垫层,而此结构与德国、法国的全厚式沥青路面结构没有太大区别[9]。

加拿大的全厚式沥青路面,需设置一定厚度的粒料底基层或者稳定土。

澳大利亚全厚式沥青路面一般采用 10cm 粒料填料作为施工平台,也可以采用各种稳定土处治路基土。

从以上可以看出,由于各国交通、气候等具体条件的不同,其全厚式沥青路面结构很不一致。严格按照 AASHTO 2002 和 AI 的全厚式概念,欧洲、加拿大以及澳大利亚的"全厚式结构"应该更加接近高强度厚沥青层结构。

由于我国铺筑柔性基层沥青路面刚刚起步,对于该类路面的破坏类型及破坏机理都有待于进一步研究,大量必要数据的积累还需要一个过程。国外虽然积累了大量的修筑柔性基层沥青路面的经验并建立了相应的破损数据库,但是由于气候、地质状况、环境及交通组成等因素存在一定的差异,所以,国外的数据及经验不能直接应用于我国的柔性基层沥青路面设计中。对于沥青稳定碎石基层沥青路面而言,随着其沥青层厚度的增加,结构层受力必然要发生变化,在这样的条件下,如何进行路面结构组成设计就成为柔性基层在我国得以推广应用而迫切需要解决的问题。

这类路面结构的主要损坏类型为沥青层的疲劳开裂和永久变形（车辙）。沥青层厚度较大时，容易产生较多的永久变形。疲劳开裂可能是由于沥青基层底面的自下而上的龟状裂缝；沥青层较厚时，也可能是由于表面层的自上而下的局部深度纵向裂缝。结构设计的主要任务是控制沥青层的永久变形（车辙）量和疲劳开裂。

沥青面层的厚薄可影响到面层内的应力—应变状况，从而影响到疲劳开裂或永久变形损坏的轻重程度。因而，可按沥青面层的厚薄将沥青路面分为厚沥青面层、中厚沥青面层和薄沥青面层三种情况。对于厚沥青面层，由于面层底面产生的拉应变较小，疲劳损伤的程度较轻，因而，以沥青面层的永久变形类损坏作为设计的主要控制对象，辅以疲劳开裂控制。对于薄沥青面层，面层产生的拉应变很小，因而，主要控制基层和路基的永久变形。对于中厚沥青面层，面层产生的拉应变和相应的疲劳损伤较大，因而，以控制沥青面层的疲劳开裂类损坏为主，辅以对永久变形类损坏的控制。

2.1.2　半刚性基层沥青路面

半刚性基层一般采用水泥稳定碎石、石灰—粉煤灰稳定碎石等材料；其底基层可以选用粒料，如级配碎（砾）石或水结碎石等，也可以选用无机结合料稳定粒料（砾石、未筛分碎石、天然砂砾等）或土（表 2-2）。

半刚性基层沥青路面结构国外较少使用，我国早期的高速公路路面结构均为半刚性基层沥青路面，在“强基薄面”的指导思想下，沥青面层一般较薄，少部分为 9 ~ 12cm，一般分两层施工；大部分为 14 ~ 15cm，如沈大高速、京沈高速河北段、唐津高速、济青高速等。在 1996 年以前，15cm 厚沥青层（上面层 4cm、中面层 5cm 以及下面层 6cm）的半刚性沥青路面几乎成为河北、河南等省高速公路唯一的路面结构形式[51]。

半刚性基层沥青路面结构层组合　　表 2-2

结构类型		柔性基层	
表面层		密级配沥青混合料、沥青玛蹄脂碎石（SMA）、开级配沥青磨耗层	
联结层		密级配沥青混合料或缺失	
基层	基层	水泥或石灰—粉煤灰稳定碎石	
	底基层	水泥、石灰—粉煤灰或石灰稳定碎（砾）石或土	级配碎（砾）石

早期的沥青路面由于交通量不大、轴载轻，表面水损害和车辙损坏不明显，路面病害不是很严重，尤其是沈大、济青、广深、京津塘四条高速公路；其他高速公路的问题主要是沥青路面裂缝多，包括反射裂缝和疲劳裂缝，以及裂缝渗水所造成的裂缝处唧浆和损坏。

1996—1999 年间，在总结早期高速公路沥青路面修建经验的基础上，我国高速公路建设开始有所发展，研究和修订了《公路沥青路面设计规范》(JTJ 014—1997)；为改善路表面的安全性能，研究抗滑表层的材料与修筑技术，如 AK、SAC 等；施工技术与设备也大有改善。如沪宁高速、石安高速、唐山市的唐港高速等，沥青面层厚度有所增加，一般为 16cm 左右，个别达到 18cm。基层还是采用半刚性基层，厚度约有增加；除北京机场高速公路、八达岭高速公路外，沥青面层普遍采用普通石油青(重交通沥青标准)；表面层一般采用抗滑表层(AK)、中面层一般采用密级配的 AC-XXI 型、下面层大多采用较粗的沥青碎石(LS)或粗粒式沥青混凝土(LH)；开始引进 SMA 技术，修筑部分试验路段。

随着部分高速公路网的形成，交通量增大、轴载增加，沥青面层出现不同程度的早期损坏，如表面裂缝、松散、剥落、推移、坑洞等病害，主要是表面水损害。

基于此，在 2000 年至 2005 年间，道路工程界主要针对高速公路沥青路面普遍存在的早期水损害现象，对沥青路面结构、材料与施工进行了全面的研究；尤其是对沥青路面材料的研究不断深入，并引入了国外的先进技术，如 SHRP 研究成果，包括沥青的 PG 分级、级配禁区、Surperpave 沥青混合料设计与评价方法、GTM 设计方法、贝雷法等。沥青路面早期破坏，尤其是水损害得到控制，路面质量有所改善[52,32]。沥青面层的厚度普遍采用 17 ~ 18cm，基层也普遍采用水泥稳定碎石，表面层大多采用改性沥青，个别省还采用双层改性沥青，表面层的级配普遍进行了调整，对抗滑表层的材料设计标准也进行了调整，使 2000 年以后通车的高速公路沥青路面质量得到了显著的提高，基本解决了沥青路面的早期水破坏问题，但车辙问题严重，表面裂缝较多。2003 年，全国高速公路沥青路面普遍出现严重的车辙损坏，如江西梨温高速和樟吉高速以及广东京珠北高速等。

由于半刚性基层具有刚度大、承载能力强的特点，可以适应重或特重交通的要求；但干缩裂缝和温度收缩裂缝的出现，会使沥青面层产生反射裂缝。由于基层刚度较大，沥青面层的底面基本上处于受压或低拉应力状态，因而，在基层产生疲劳开裂破坏之前，沥青面层不会出现自下而上的疲劳开裂损坏。采用较厚的沥青面层，可以减缓反射裂缝的出现，但也会相应地增加出现车辙的可能性[54-55]；其路基顶面或粒料底基层顶面的压应力很小，因此，永久变形累积量不大，在车辙总量中仅占很小的比重。

半刚性基层沥青路面开裂形式多样，无论什么形式的开裂，一旦在沥青层表面开裂，结构的渗水性将大大增大。由于水的浸入，会使得沥青层与其下的支撑层剥离，使面层和基层之间的联结失去作用，同时基层和底基层材料在荷载动水压力下产生唧泥现象，进一步降低路面的承载能力，沥青路面应力状态进一步恶化。在冰冻区会加剧冰冻损坏，这样路面会加速破坏。半刚性基层路面的使用寿命与气候、交通状况、是否经常封缝以及对不同交通情况下路面性能下降的可接受水平有关，因此半刚性基层沥青路面的使用性能具有很大的不可预测性。

从上面的分析可知，半刚性基层沥青路面最大的缺陷是容易产生裂缝，如果能减少或防止这类基层的裂缝发生将会大大提高半刚性基层沥青路面的耐久性。

2.1.3　组合式与倒装式基层沥青路面

组合式基层沥青路面结构选用热拌沥青混合料做基层，而倒装式基层沥青路面结构选用级配碎石做基层（表2-3）。底基层均选无机结合料稳定粒料（水泥稳定碎石或石灰—粉煤灰稳定碎石）。

组合式与倒装式基层沥青路面结构层组合　　表2-3

结构类型		柔性基层
表面层		密级配沥青混合料、沥青玛蹄脂碎石（SMA）、开级配沥青磨耗层
联结层		密级配沥青混合料
基层	基层	热拌沥青混合料或级配碎石
	底基层	水泥或石灰—粉煤灰稳定碎石

组合式结构以及倒装式结构是在对半刚性基层结构调整的基础上发展起来的，笔者认为，可以把这两种结构形式称为改进的半刚性基层结构。目前在国外，组合式结构已经代替半刚性基层结构成为沥青路面的主要结构形式之一。

当前，在国外高速公路中，半刚性基层沥青路面使用相对不多，即使使用也是采用较厚的沥青层、较薄半刚性材料作底基层的“组合式结构”。在法国组合式结构沥青层厚度为19～27cm，半刚性底基层为18～25cm。德国、意大利、比利时、西班牙以及日本均以18～30cm沥青层下卧15～30cm半刚性底基层作为组合式结构的主要路面类型。组合式路面结构中，沥青层与水稳底基层厚度比值一般接近或大于1。由于增加了沥青层厚度，降低了半刚性层的厚度，并以半刚性层作底基层，从而有利于降低和延缓沥青路面的开裂，在一定程度上提高了沥青路面的使用性能，同时此结构具有一定的经济优势[3,56]。

20世纪80年代末，一些国家开始采用倒装式基层沥青路面结构。在半刚性基层与沥青层之间设置一层粒料层，主要作用是减少反射裂缝，同时不增加沥青层厚度。粒料基层不能太厚，太厚会降低沥青面层在荷载作用下的弯曲半径，加速沥青面层的疲劳破坏；但又必须具有一定的厚度，以便于应力的有效扩散。粒料基层必须采用高质量、级配良好、坚硬的碎石，其厚度一般为 10 ~ 15cm，如法国一般为 12cm，澳大利亚为 10cm，而南非为 15cm。值得注意的是，现在在美国、英国、德国、法国、日本等国的倒装式基层沥青路面结构不是主要的路面结构类型，在高速公路、重载交通中应用不多[57-59]。笔者认为，这种结构如果进行合理设计，适当增加沥青结构层厚度，和国外的高强度厚沥青路面结构类似，甚至在性价比上要优于高强度厚沥青路面结构。本书在后面章节将予以重点讨论。

我国早期的高速公路也有少部分为厚沥青层的组合式基层沥青路面结构，如广深及京津塘两条高速公路，沥青层超过了 20cm，其建设曾经引人瞩目，且一度成为争论的焦点。尽管这两条高速公路也是把沥青层直接铺筑在半刚性基层上，但沥青层厚，下面层实际上相当于目前国外长寿命沥青路面的沥青稳定碎石基层，已经不属于真正意义上的半刚性基层沥青路面，应该属于组合式基层沥青路面结构。由于这些厚沥青层的组合式基层沥青路面结构在设计理念上不符合我国典型的半刚性基层沥青路面“强基薄面”的设计理念，而且由于当时使用时间短，其性能还没有完全表现出来，因此后来再也没有修建过厚沥青层的沥青路面。最近几年，很多省份在参考国外长寿命沥青路面结构的基础上，通过铺筑试验路观测效果，又重新开始修建厚沥青层的沥青路面结构。

2005 年以后，受国外长寿命沥青路面理念的影响，全国路面的沥青面层普遍加厚，尤其是为防止反射裂缝，江苏、山东普遍在半刚性基层上增加了一层沥青层，沥青层总厚度接近 30cm。改性沥青与 SMA 技术应用更为广泛，对矿料级配进行普遍的调整，层间结合与防排水技术更为完善；同时对柔性基层与大粒径沥青混合料进行了深入研究，并开始研究组合式路面结构和柔性路面结构。随着对柔性基层以及组合式基层等长寿命路面结构研究的深入，我国越来越多的高速公路从业者开始接受这些新的技术，特别是随着管理部门对于高速公路早期病害问题的高度重视，管理者越来越注重对沥青路面的耐久性和工程全寿命周期成本的研究。

也正是由于这些新路面设计理念及各种结构形式的研究应用，近年来，我国高速公路路面结构已经开始尝试采用多种新型的沥青路面结构，而不再局限于原来单一的路面结构形式。如近两年在福建省的两条高速公路上，建设部门已经采用新型的路面结构作为主要的高速公路结构形式[60-61]。福建省为多雨潮湿地区，以往该地区高速公路的结构都采用了 15 ~ 16cm 厚的沥青路面，基层为半刚性基层，设计使用年限为 15 年，但是通车后不到设计使用年限一半的时间路面病害就不断加剧。通过研究论证，新建的两条高速公路将采用组合式基层沥青路面，希望能够减少或避免反射裂缝的出现，同时改善多雨潮湿地区基层的排水功能。在级配碎石上使用了较厚的沥青层，厚度为 22 ~ 23cm，一方面为提高沥青路面的耐久性，另一方面是为了保证高速公路具有足够的强度。

这两种改进的新型半刚性路面结构的造价相比原来的半刚性基层沥青路面结构的造价都要有所增加，但增加的比例并不大，不超过总造价的 1%。但是从沥青路面全寿命周期的费用角度分析，初期投资高一些能够使得后期的维修、养护费用降低，路面的使用寿命得到延长，因此，采取这样的方案比较合理。

由于沥青层厚度的增加，基层类型由原来的半刚性基层变化为组合式基层结构，尽管与国外全厚式沥青路面和高强度厚沥青路面结构等长寿命路面结构还存在差异，但通过对长寿命路面理念的应用研究以及路面材料、结构设计的进一步改善，这种组合式路面结构应该可以满足长寿命路面的要求。也就是说，通过改变半刚性材料的位置，使其位置下移，从而改变其水、温以及受力状况，同时经过结构匹配优化和材料设计，这种结构完全能够满足长寿命路面理念的要求，并成为符合我国国情的长寿命路面结构。

大量实践证明，对于薄沥青层的半刚性基层沥青路面，横向裂缝已成为沥青路面的主要问题之一；虽然可以采取各种措施延缓、推迟其发生的时间或者减少开裂数量，但路面裂缝是不可避免的[62,4]。由于在沥青面层或多或少要产生开裂，雨水下渗又不可避免；同时，半刚性材料具有对荷载疲劳的敏感性，其使用性能具有极大的不可预测性；路面的维修量很大，往往需要结构性的重建，且半刚性基层不具有较好的可再生性，因此半刚性基层沥青路面在各国的高速公路、重载交通中的使用受到限制。

实际上，在很多国家的高速公路、重载交通道路上，半刚性基层沥青路面已经使用较少，甚至在有些地方道路网上规定不再修半刚性基层沥青路面。AASHTO 2002 指南，对于交通量大于 T4[标准轴载累计轴次(4 ~ 8)百万次]的道路，不建议采用半刚性基层沥青路面；在 20 世纪 60 年代华盛顿州开始规定整个道路网上不采用半刚性基层沥青路面。英国半刚性基层沥青路面一般是指贫混凝土基层沥青路面，建议设计交通量不大于 2 千万次。日本半刚性基层沥青路面可用于标推轴载 100kN 累计轴次小于 700 万次的道路。半刚性基层沥青路面的经常维修给交通管理带来很多问题，同时也给道路使用者带来很大不便，有些国家基于以上考虑，当交通量大于一定限度时限制采用半刚性基层沥青路面。如法国国家公路网为 1 500次/d，西班牙为 500 次/d，而在德国道路以及在法国的收费高速公路上，开裂是不能接受的，即使是低交通量也不采用。加拿大基于半刚性基层材料的经济性，只允许在交通量小于 500 辆/d 的道路上采用。当然,各个国家的交通荷载、自然条件不太一致。由于我国国土面积较大,自然气候条件差异也很大,再加上重载交通较多,半刚性基层在我国较为普遍,施工工艺和质量控制等也较为成熟,所以还不能完全否定半刚性基层,应通过组合优化等途径来延长其使用寿命。

2.2 沥青路面的损害类型及分析

沥青路面损害可能是荷载诱发的,也可能是与荷载无关的非荷载原因导致的,诸如重复冲击交通荷载、环境、施工缺陷或缺乏合适的养护措施等。为了给后面的长寿命沥青路面损伤行为分析提供基础,本章考虑了四种常规破坏形式:疲劳开裂、沥青混合料车辙、路基车辙变形以及 Top-Down 裂缝。

沥青路面的损坏可归纳为开裂和永久变形两大类。而开裂可以再分为疲劳开裂、低温缩裂和反射裂缝三类。其中,疲劳开裂是指在荷载重复作用下沥青面层底面弯拉疲劳引起的开裂,并向上扩展直至贯穿整个沥青层。沥青路面的永久变形是指在荷载重复作用下路面结构产生的不可恢复的变形量累积,它由路基、粒料层(基层、底基层或垫层)和沥青层(面层或基层)三部分永久变形组成,反映到路表,形成车辙,如图 2-1 所示。下面以广东省高速公路沥青路面破损情况为例对沥青路面的损伤进行分析[64]。

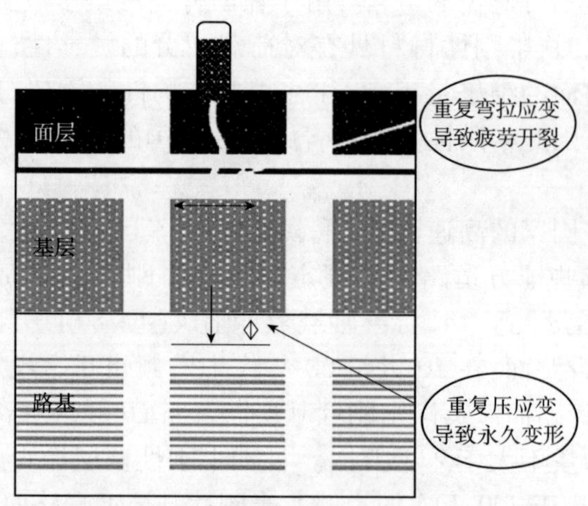

图 2-1　沥青路面结构的损坏模式

广东省地处东南沿海,具有气温高、湿度大、雨量充沛、雨水蒸发量相对较小、降雨量相对集中、偶有台风及暴雨的气候特点,按沥青混合料气候分区属夏热冬温潮湿区。

高温、多雨的自然条件给沥青路面带来了非常不利的影响。沥青路面的高温车辙变形和水损害问题成了广东省沥青路面最突出的两大问题。此外,夏季太阳的曝晒、冬季冷空气带来的温度骤降,以及夏季频繁暴雨造成路面温度的反复骤降是导致基层收缩裂缝(干缩和温缩)、面层温度疲劳裂缝、面层温度收缩裂缝的重要因素。夏季的持续高温也为沥青路面的泛油创造了条件。

广东省高速公路沥青路面在十多年的发展中,各阶段、各项目的路面设计差异较大,面层类型、材料、沥青层厚度、路面结构总厚度等存在明显差异。如面层最薄的仅 7cm,最厚的达 32cm;面层层数也从 2 层到 4 层不等;基层绝大多数为半刚性结构,也有少量刚性复合结构;水泥稳定基层厚度从 20cm 变化到 40cm,水泥稳定底基层厚度从 15cm 变化到 55cm,有些项目只有级配碎石底基层;路面总厚度最小仅 57cm,最大达 110cm。

通过对广东省主要已通车高速公路沥青路面车辙、坑槽、裂缝和泛油等早期病害的调查分析,主要得出以下结论。

1)车辙

广东省沥青路面的车辙,主要是压密和流动型车辙,局部有结构型车辙。结构型车辙主要是由于基层的强度问题引起的(也可能还有路基的软化),提高基层强度和均匀性对防止该类车辙的发生是非常有用的。压密、流动型车辙的成因主要是外部使用条件苛刻和沥青混合料本身的抗剪强度不足以及结构组合、沥青面层厚度等因素引起的。出现车辙可能是单个因素,但往往是多个因素综合作用的结果。广东省目前的车辙主要是由于外部使用条件苛刻以及其他一些因素综合作用的结果。

(1)产生车辙的气候、交通、纵坡等外界因素

沥青路面的外部使用条件对车辙的产生起着非常重要的作用,通过分析,广东省的沥青路面车辙主要就是由于外部因素引起的。这些因素可归纳如下:

①夏季持续高温。气温越高,沥青路面内部混合料温度也越高。

②长、大纵坡的影响。纵坡从 2% 增大到 5% 时,沥青路面内部的剪应力增加 0.03MPa,对沥青路面车辙的影响程度相当于超载 40% 所对应的荷载,即相当于动稳定度约下降 30%。

③低速的影响。低的车速相当于增加了沥青路面作用温度,根据时温等效换算,车速为 10~30km/h 时,相当于增加作用温度 22.2~9.7℃,相当于车辙动稳定度下降 49%~79%,低速对车辙动稳定度的影响比夏季高温和超载的影响都要大。高速公路从预防车辙的角度出发,应当限制低速行驶。

④交通量大及交通渠化。

⑤对京珠高速公路,高温、荷载、纵坡、低速的综合影响将使沥青混合料的动稳定度下降约86%~94%;高温和荷载的影响将使动稳定度下降60%左右。

(2)产生车辙的沥青混合料方面的因素

流动型车辙的成因主要是沥青混合料本身的抗剪强度不足,凡是影响沥青混合料抗剪强度的所有因素,都是可能产生车辙的原因之一。根据调查归纳如下:

①沥青的品质。主要是指沥青的黏度、感温性、流变性、沥青的油源、老化特性等,特别是性能等级达不到交通和环境要求的沥青。

②沥青混合料的级配。沿用旧施工规范推荐的悬浮密实型混合料设计概念是形成车辙的另一主要内因。

③集料加工使用的筛孔尺寸混乱,缺乏控制集料级配变异性的有效方法,使施工过程中混合料级配处于失控或半失控状态。

④沥青用量、集料的颗粒特性、天然砂的用量、沥青与集料的黏附性、沥青混合料的空隙率与压实度、施工控制等因素,对车辙的产生均有影响。

(3)沥青层厚及结构组合

①沥青面层的厚度与车辙的关系。国外认为在18cm以内,车辙随着厚度的增大而增加;厚度超过18cm后,再增加厚度对车辙增大的影响就很小了。

②广东省普遍采用半刚性基层沥青路面,车辙主要是由于沥青面层的压密形变和沥青混凝土的剪切形变,所以重点是解决面层沥青混合料的抗车辙能力。通常SMA型混合料的抗车辙能力优于AK型混合料,AK型混合料的抗车辙能力优于AC型混合料。集料的最大粒径(公称最大粒径)越大,抗高温稳定性越好。

③下封层施工不当,厚度太厚,在沥青面层内部形成一个薄弱夹层,不利于抵抗车辙。

④层间黏结的影响。强制性要求洒黏层油,保证层间连续有利于抵抗车辙。

2)裂缝

调查分析结果表明,按主要成因来分,广东省沥青路面裂缝可分为:路基沉降裂缝、半刚性基层的反射裂缝、沥青面层温缩裂缝和综合原因形成的网状裂缝等。

(1)路基沉降裂缝

路基的不均匀沉降,尤其是结构物端部和软土地基沉降是影响广东省沥青路面开裂的一个重要因素。调查结果表明,广东省内高速公路路基沉降裂缝主要表现为以下三种形式:

①构造物端部或顶部的横向裂缝。构造物端部开裂是高速公路沥青路面的一种常见病害，无论通车年限的多少，几乎在所有的高速公路都能见到，只是开裂的比例或轻重程度有所不同。调查结果表明，广东省沥青路面横向裂缝主要分布在填方段和填挖交界处，其中由于路基沉降产生的结构物端部横缝占填方段横缝总条数的 40% 左右。

②路基横向不均匀沉降产生的纵向裂缝。路基横向不均匀沉降引起的路面开裂，在许多山区、丘陵区和平原区的高速公路上都可以见到，特别是在那些半填半挖路段、高填方路段、老路加宽后的新老路基结合部。这类裂缝形式一般表现为纵向开裂，主要是由于这些路段碾压比较困难，而且不容易做到均匀碾压；加上路堤下的地基在横向不可能是均匀一致的，通车后由于汽车荷载与雨水的作用，往往容易造成路基横向沉降不均匀。

③软土地基沉降产生的块裂和龟裂。软土在广东省高速公路所经地区分布较为广泛，由于高速公路沿线软土层的深度、物质组成和颗粒级配不同，导致它在强度和稳定性方面存在着差别，在汽车荷载作用下路基产生不均匀沉降，从而导致沥青路面出现块裂和龟裂。

(2)半刚性基层反射裂缝

广东省内大部分高速公路沥青路面出现了间距变化在几米至几十米不等的横向裂缝。通过对 13 处贯通超车道横缝的开挖和钻芯研究发现，其中有 10 处基层出现了开裂，可见大部分贯通横缝是由于基层开裂后反射到沥青面层的。沥青路面材料室内试验结果也表明，佛开、花清、新台高速的横向裂缝较多路段基层相对抗裂性能指数(ACI 值)明显低于相应的横裂较少路段，而广珠东、深汕西无论裂缝较少路段还是裂缝较多路段 ACI 值均较低。这说明广东省高速公路基层反射裂缝是导致路面横裂的一个重要原因；但随着沥青层厚度的增加，出现这类裂缝的现象相应要少，现场裂缝钻芯和开挖调查也证实了这一点。

沥青路面出现基层反射裂缝的原因，主要是由于水泥稳定类基层的矿料级配设计不合理(悬浮密实型)、细料(0.075mm 以下颗粒)含量过多、水泥剂量偏高、施工时含水率过大以及施工后养生不及时或养生方法不当等。基层开裂后，失去了抵抗拉应力的能力，就在开裂位置将应力传递给面层，形成面层在开裂缝处的应力集中。特别是在冬季低温下，沥青面层的模量较大，它仅能承受较小的温度应力，裂缝处的应力集中现象使交通荷载产生在沥青面层下部的拉应力比没有裂缝的部位要大，容易超过沥青混凝土的极限强度，致使沥青面层跟着开裂。

(3)综合原因形成的网状裂缝

调查结果表明，广东省内高速公路沥青路面几乎全部采用了强度较高的水泥稳定类半刚性基层,且各高速公路基本上都能取出完整的基层芯样;此外,试验检测结果显示,省内各高速公路基层无侧限抗压强度大于其设计值的概率均在90%以上,而反映沥青路面整体刚度的路面强度系数又与裂缝的破损没有很好的相关性。这些情况说明,广东省沥青路面的大多数网状裂缝的产生并非单纯由于路面承载力不足或车辆超载原因,而与路基的稳定状况、面层材料耐老化和抗水损害性能、外界气温变化及降雨量等多种因素有关,在这称之为综合原因形成的网状裂缝。

当然,不同的结构层组合和材料类型,可以使沥青路面具有不同的结构特性,表现出不同的损坏机理和形态。

综合上述各类沥青路面的损坏类型及其破坏原因,为了提高沥青路面的耐久性,我们在沥青路面结构分析及设计时应着重注意以下因素的影响:

①各种车辆荷载的重复作用。

②为了使半刚性基层沥青路面的耐久性更好,必须处理好该基层的反射裂缝问题。

③对沥青层的厚度和整个沥青路面各结构层组合进行优化设计,以避免路面的过早破坏;同时提高路基承载力,控制路基永久变形。

2.3 沥青路面病害的传递函数

为了进一步了解各种病害的主要控制因素,从而明确沥青路面结构设计的主要材料参数和控制指标,为沥青路面结构设计分析提供理论基础,针对上述沥青路面损伤破坏形式,本节着重叙述并分析了各种路面破坏形式的传递函数。

2.3.1 疲劳裂缝

通常用沥青结构层层底的最大拉应变来确定疲劳损伤,它一般是由重型轴载的重复作用引起的,是一个由不可恢复应变的积聚而引起的局部累积损伤。因为沥青结构层层底存在临界拉应变[65],所以一般认为该位置疲劳裂缝出现的概率最高。目前可以用来预测沥青结构层层底拉应变引起的疲劳裂缝模型主要有以下几种。

(1)一般疲劳损伤标准是在三分点加载试验下,用200次循环荷载作用下的极限应变来模拟[66],如下式所示:

$$N_{\mathrm{f}} = k_1 \left(\frac{1}{\varepsilon}\right)^{k_2} \tag{2-1}$$

式中：N_f——破坏时的重复加载次数；

ε——重复加载 200 次的初始应变；

k_1、k_2——回归系数。

(2)美国明尼苏达州公路研究项目(MnRoad)所进行的一项研究用沥青混合料层底的水平拉应变且将 k_1 值定为 2.831、k_2 值定为 3.148 进行疲劳损伤分析[67]。如果采用沥青混合料层底的水平拉应变，则疲劳损伤函数一般可用下式来表示：

$$N_f = f_1 \varepsilon_t^{-f_2} E_1^{-f_3} \tag{2-2}$$

式中：N_f——荷载重复作用容许次数；

ε_t——沥青层层底的水平拉应变；

E_1——沥青混合料的弹性模量；

f_1、f_2、f_3——室内疲劳试验确定的常数。

(3)在美国沥青协会(AI)路面设计方法中认为，引起疲劳裂缝的荷载重复作用容许次数(N_f)与沥青混合料层底的临界水平拉应变有关。美国沥青协会(AI)在 1982 年所开发的20%裂缝面积的疲劳损伤模型如下：

$$N_f = 0.0796 \varepsilon_t^{-3.291} E_t^{-0.854} \tag{2-3}$$

式中：N_f——18 千磅(1 磅 = 0.4536 千克)当量轴次(ESAL)容许重复作用次数；

ε_t——沥青层层底的水平拉应变；

E_t——沥青混合料的回弹模量。

(4)《壳牌路面设计手册》依据 AASHTO 道路试验得到的数据，开发了以下疲劳损伤模型[68]：

$$N_f = 0.0685 \varepsilon_t^{-5.671} E_t^{-2.363} \tag{2-4}$$

式中：N_f——18 千磅(1 磅 = 0.4536 千克)当量轴次(ESAL)容许重复作用次数；

ε_t——沥青层层底的水平拉应变；

E_t——沥青混合料的回弹模量。

(5)为了计算不同轴载引起的与荷载有关的路面疲劳损伤，可采用 Finn 等提出的一个疲劳法则来预测在轮迹中引起 10% 或 45% 疲劳裂缝的荷载重复作用次数[69]：

$$\lg N_f(10\%) = 15.947 - 3.291\lg\left(\frac{\varepsilon_t}{10^{-6}}\right) - 0.854\lg\left(\frac{M_R}{10^3}\right) \tag{2-5}$$

式中：N_f——10% 疲劳裂缝面积的荷载重复作用次数；

ε_t——沥青层层底的水平拉应变；

M_R——沥青混合料的回弹模量。

$$\lg N_{\mathrm{f}}(45\%)=16.086-3.291\lg\left(\frac{\varepsilon_{\mathrm{t}}}{10^{-6}}\right)-0.854\lg\left(\frac{M_{\mathrm{R}}}{10^{3}}\right) \tag{2-6}$$

式中:N_{f}——45%疲劳裂缝面积的荷载重复作用次数;

ε_{t}——沥青层层底的水平拉应变;

M_{R}——沥青混合料的回弹模量。

式(2-6)类似于美国沥青协会用对数形式提出的破坏标准。由于路面疲劳损伤通常被当作为一种由下往上的破坏机制,裂缝在路面表面出现之前穿透了整个沥青混合料层。因此,在采用薄或中等厚度沥青混合料层的柔性路面中,这种病害更明显。

通过以上各沥青路面疲劳预估方程(传递函数)可以看出,沥青层层底拉应变和弹性模量是控制沥青路面疲劳寿命的关键因素。因此,在路面结构设计中,沥青层层底拉应变和弹性模量应作为主要的控制指标、材料参数来考虑。但如果按照长寿命路面理念所提出的沥青混合料在小应变情况下存在疲劳极限理论,当沥青层层底应变低于疲劳极限时,沥青路面将可以承受无限次的车辆重复荷载作用。后面第三章将对此重点讨论。

2.3.2 路基车辙变形

路基车辙变形是一种沿着车轮路径的纵向凹陷,它是在路基显示出永久变形或交通荷载重复作用引起的剪力流时出现。在这种情况下,路基顶部的垂直压应变与路基车辙变形有关。

(1)在美国沥青协会(AI)和壳牌设计方法中,通过路基顶部的垂直压应变来计算控制车辙变形的荷载容许重复作用次数。路基车辙损伤模型如下式所示[70]:

$$N_{\mathrm{d}}=f_4\,\varepsilon_{\mathrm{c}}^{-f_5} \tag{2-7}$$

式中:N_{d}——荷载容许重复作用次数;

ε_{c}——路基顶部的压应变;

f_4、f_5——现场试验确定的常数。

(2)美国沥青协会(AI)在路基顶部最大容许车辙变形深度为12.5mm的路基土应变基础上,提出了一个路基车辙损伤模型:

$$N_{\mathrm{f}}=1.365\times10^{-9}\varepsilon_{\mathrm{v}}^{-4.477} \tag{2-8}$$

式中:N_{f}——荷载容许重复作用次数;

ε_{v}——路基顶部最大垂直压应变。

(3)《壳牌路面设计手册》按照AASHTO道路试验得到的数据,建立了一个具有95%可靠度的路基车辙损伤模型,如下式所示[68]:

$$N_f = 1.05 \times 10^{-7} \varepsilon_v^{-4.0} \tag{2-9}$$

式中：N_f——荷载容许重复作用次数；

ε_v——路基顶部最大垂直压应变。

(4)控制路基车辙的荷载容许重复作用次数还可以用下式来确定[70]：

$$N_s = 1.077 \times 10^{-8} \varepsilon_c^{-4.483} \tag{2-10}$$

式中：N_s——最大路基车辙（最大车辙深度为 12.5mm）时的荷载重复作用次数；

ε_c——路基顶部的压应变。

从上面的路基车辙变形预估方程（传递函数）可知，路基顶部的垂直压应变是控制路基车辙变形的关键因素。因此，在沥青路面结构设计中，应把路基顶部的垂直压应变作为一个重要指标来考虑。在后面第四章中将重点论述，并采用所计算的垂直压应变在路面结构之间进行直接比较。

2.3.3　沥青混合料路面车辙

沥青混合料路面车辙是一个在轮迹带中的纵向凹陷，是沥青混合料在热的天气中或荷载缓慢移动下所形成的永久变形。沥青混合料的黏弹性模型能预测移动轮载作用后的可恢复应变，它可以在一次循环加载后提供车辙损伤的迹象。下式是美国力学—经验法设计指南 2002（MEPDG）提出的预测模型[71]：

$$\lg\left(\frac{\varepsilon_p}{\varepsilon_r}\right) = -3.74938 + 0.4262\lg N_r + 2.02755\lg T \tag{2-11}$$

式中：ε_p——表面压应变；

ε_r——可恢复应变；

N_r——相应于 ε_p 的荷载重复作用次数；

T——路面温度（℃）。

式(2-11)可以写成下面的形式[72]：

$$N_r = \left(\frac{15}{h\varepsilon_{vr}10^x}\right)^{1.74} \tag{2-12}$$

式中：x——$x = -3.74938 + 2.02755\lg T$；

h——沥青混合料厚度（mm）；

ε_{vr}——垂直可恢复应变。

从上述沥青混合料路面车辙预估方程可以看出，路表面压应变是沥青混合料表面车辙的主要控制因素。

总而言之，沥青混合料的弹性模量和沥青层内的各种应变响应将是沥青路面结构设计的主要控制指标。

2.4 长寿命沥青路面损害模式

按照前面的论述并结合国外对长寿命沥青路面的调查,认为长寿命沥青路面的破坏模式与传统沥青路面破坏模式不一样,路面破坏仅出现在路表面,即主要存在以下几种损伤破坏形式。

2.4.1 路面表层车辙

在一段时间内,很多的人认为,沥青层越厚越容易出现车辙或车辙越严重。Nunn 等人对沥青层厚度超过 200mm 的路面车辙进行分析,发现厚沥青层路面车辙仅限于距表面 10cm 以内,没有出现结构性的永久变形。厚式沥青层路面车辙断面如图 2-2 所示。

在 1997 年,Nunn 等人调查发现,薄沥青层路面更容易发生车辙,当沥青层厚小于 180mm 时,车辙率较高;当沥青层厚大于 180mm 时,车辙发生率出现了突变,比前者小 2 个数量级;沥青层厚超过 200mm,车辙发生率较小[73]。其统计结果如图 2-3 所示。

图 2-2 厚沥青层路面车辙

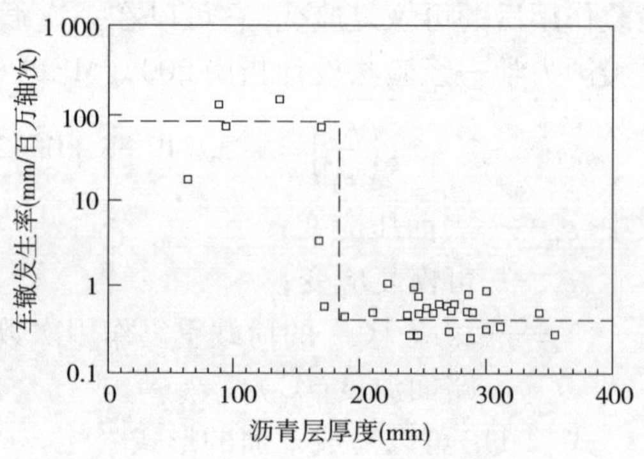

图 2-3 车辙发生率与沥青层厚度的关系

从上述分析可知,厚沥青层相对薄沥青层路面来说,发生车辙的可能性要小得多,并且只出现在上面层,这也是长寿命沥青路面设计理念之一。本书第四章将予以着重讨论。

2.4.2 表面裂缝

沥青路面开裂是各国道路界普遍关心的问题,也是各种沥青路面最普遍的损坏类型之一;沥青路面都会产生裂缝,只不过裂缝产生的早晚、多少及裂缝的类型有所不同。

长寿命沥青路面的裂缝主要为表面裂缝，路表裂缝是厚沥青层路面结构主要损坏类型；表面开裂也是国外厚沥青层柔性路面结构最主要的损坏类型，而且当沥青层厚度大于 180cm 时，很少在基层、联结层产生疲劳开裂，仅仅产生在磨耗层，发展最大深度不超过 100mm[22]。

由于长寿命沥青路面结构的沥青层较厚，表面裂缝很少能贯穿整个沥青层，裂缝的数量也相对较少，并且裂缝大体垂直于路线方向，裂缝间距变化在数米至百米之间。"自上而下"表面裂缝（Top-Down 裂缝，如图 2-4 所示）发展的速度和深度，可以有效检测并便于维护，这也是长寿命路面设计理念的一个重要理论依据。

a)

b)

图 2-4　Top-Down 裂缝

近来，把 Top-Down 裂缝（TDC）看作为出现在路表面的纵向或横向裂缝，这些裂缝逐渐向下及向外扩展。一些研究人员认为 Top-Down 裂缝（TDC）可能仅在表面层扩展，并把它作为柔性路面的一种主要病害形式。然而，引起 Top-Down 裂缝（TDC）的主要原因仍然处在争议中。

因此，为了掌握这种裂缝损伤行为，为长寿命沥青路面（厚沥青层路面）设计和施工提供理论参考，本书将在后面章节对这种损伤形式予以重点论述。

2.4.3　水损害

沥青路面水损害是高温多雨地区高速公路最常见的早期病害之一，严重地影响了路面的外观和服务能力；而且水损害会反复发生，造成大量的养护和维修工作。其中沥青与集料间的剥离是路面水损害的主要方式，其主要与集料类型、沥青等级、沥青含量和空隙率相关。近些年，国外发现了一种新的水损害模式：水进入路面后，成为两层混合料的剥离剂；在车辆荷载引起的动水压力与层间水作用下，又进一步加剧了沥青与集料的剥离，从而导致水损害的恶化[74]，在这种情况下沥青层容易出现大面积的破坏。在广深高速公路的厚沥青层路面上,出现最多的损害也是水损害。

本节提出水损害的破坏形式,是为了引起重视,长寿命沥青路面在路面结构上的优越性并不能减轻其在水损害上的潜在隐患。

从上述的分析可知,要满足长寿命沥青路面要求,必须使沥青层层底拉应变小于疲劳极限,并控制路基顶部压应变在一定的范围内,当然还要做好沥青混合料的材料设计,使混合料材料参数满足要求。

第3章 长寿命沥青路面材料参数及相关指标确定

路面结构层材料参数是进行路面结构设计中不可或缺的内容,设计参数的完整性和可靠性,与各项损坏预估模型的预估精度和可靠程度密切相关,也是路面结构设计成果是否有效和可靠的基础。目前,在基于力学分析的路面结构设计中均离不开材料参数,最理想的目标是通过材料参数与力学分析理论的结合,计算出与路面实际受力状态相同或足够相近的力学响应。材料参数的室内试验应尽可能模拟现场实际状态,但由于材料在路面结构中实际受力状态的复杂性,使得室内试验模拟实际受力状态变得十分复杂和困难,最终试验条件不得不被人为化,造成室内试验与现场实际模量有很大差别。材料性质参数选用合理的力学指标,能充分反映材料在行车荷载和环境因素作用下的性状,并与路面损坏模型中的材料性质参数协调一致。根据沥青路面结构组成的差异,沥青路面使用的材料包括面层用沥青混合料、有结合料或无结合料的粒料基层材料和土质路基。对于这些材料,结构设计需要确定其变形能力(模量、泊松比)和破坏特性(疲劳强度、破坏变形)等参数。这些参数通常依赖于温度、湿度、加载模式、荷载作用时间等因素而发生规律性的变化,准确地把握这些参数及其变化规律是沥青路面结构设计中必须实现的基本要求。

目前,我国沥青路面设计体系多以多层弹性体系为基础,其中各结构层的模量(动模量或回弹模量、弹性模量)、泊松比以及结构层的厚度是计算路面力学响应的最基本的参数,材料的参数是最基本的计算结构设计参数,其取值大小对于路面设计结果影响较大[75]。由于路面材料在不同条件下,如不同温度和不同频率,会表现出不同的性能,因此各混合料模量取值与试验方法和测定条件密切相关。一般来说,混合料的模量测定条件越接近正常的交通荷载下路面结构材料的实际状况,所测定的结构参数越客观,其用于计算的路面力学响应就更加接近路面实际交通荷载的路面响应。而我国一直以来采用弯沉指标进行结构设计,采用的材料结构参数也一直为静态模量,在结构设计时也只考虑静态荷载,而没有考虑路面荷载对路面结构的动态响应。路面动态参数试验较为复杂,比较费时费力,且费用较高;尤其是材料低应变条件下的抗疲劳能力试验,试验时间更是漫长,而低应变条件下的"疲劳极限"理论是长寿命沥青路面设计的关键。

为了使路面设计更好地反映路面真实的受力状态,从而提高路面设计质量,延长路面使用寿命,达到长寿命路面要求,本章在结合国内外路面材料参数研究的最新动态情况下,在对动态模量预测模型进行全面评价的基础上,利用单轴压缩动态模量试验验证了近年来国外开发的动态模量预估方程,并对 AASHTO 开发的沥青混合料疲劳预估方程进行验证;同时结合单轴压缩动态模量试验利用沥青混合料的弹性—黏弹性对应原理确定其疲劳极限,从而可以节省沥青混合料疲劳极限的漫长试验时间。这为完善我国沥青路面设计、正确应用国外技术及后面几章的沥青路面响应、长寿命路面损伤行为和结构分析提供了一定的理论基础。

3.1 沥青混合料动态模量的确定及预估方程的验证

影响沥青路面结构响应最重要的沥青混合料性能是沥青混合料的模量。路面材料设计模量的确定是路面设计研究中的基础问题,同时,沥青混合料动态模量是沥青路面设计的最主要参数。一方面它是路面结构应力—应变分析的关键参数,另一方面它是一项反映混合料路用性能的特征指标值,并且,它还是影响沥青混合料疲劳寿命的主要因素。如 AASHTO 2002 力学—经验设计指南(MEPDG)采用动态模量($|E^*|$)来计算路面结构的力学响应[71]。因此,近些年来,国内外对此进行了大量的研究,对沥青路面设计产生了积极的影响。目前沥青混合料的动态模量确定方法主要有室内试验方法、预估模型计算方法及通过 FWD 弯沉反算模量方法。但是动态模量试验难做且比较昂贵、费时,国外的实践证明,在日常已知试验的材料(结合料及混合料)性能基础上,预测动态模量的简化方法是可取的也是有用的。

3.1.1 沥青混合料动态模量的预测模型

为了通过减少花费和节省所需的时间来获取动态模量主曲线,研究人员试图用半经验法来预测混合料的$|E^*|$。这些预测是基于混合料整体到单个组成成分特征和体积特性相关刚度的曲线拟合技术。还有一种方法是基于细观力学分析模型来预测。对于细观力学分析模型,一般只需要不同混合料成分的材料特征和体积部分作为模型输入来预测复合材料的整个行为[76]。然而,细观力学分析模型通常都表现出一定的局限性,这是由于研究人员还没有考虑到实际的几何异构和混合料内各成分间的相互作用;因此,在开发该分析预测方程时,研究人员做了许多假设和简化,以及他们从试验结果中引起的偏差。

为了在细观力学分析方法中克服这种普通的局限性,研究人员又积极开展了细观力学数值模拟方法。这种模拟方法的优点是它可以通过对混合料成分(例如集料、沥青等)分开处理来考虑混合料异构的影响。它通过把有限元(FEM)或离散元(DEM)模型方法纳入到室内试验中来表征单个混合料成分特征,并用数字图像分析技术来表述沥青混合料详细的细观结构特征,从而通过数值模拟来预测混合料的动态模量[77-79]。目前该方法在国内外尚处于研究之中(华南理工大学目前正在从事这项研究)。用数值方法可以较全面地检测细观结构、材料的非弹性行为,以便结构内的应力应变可以分析得更切合实际,可以说它将是动态模量预测的一个非常有前景的方法。

从上述内容可知,目前国内外沥青混合料动态模量的预测模型主要有半经验模型(Witczak 模型和 Hirsh 模型)、细观力学分析模型及细观力学数值模型,这几种模型是目前国内外沥青混合料动态模量最先进的预测模型。由于细观力学数值模型目前尚处于研究之中,在本节中将主要介绍半经验模型(Witczak 模型和改进的 Hirsh 模型)和细观力学分析模型,并通过试验对他们进行比较论证。

1)Witczak 预测模型

Witczak 预测模型包括 NCHRP 1-37A 项目的新"力学—经验"路面设计指南(MEPDG)(NCHRP 1-37A,2004)采用的 1999 版的 $|E^*|$ 预测方程(也称为 AASHTO 2002 预测模型)和在此基础上修订并于 2006 年开发的新 Witczak 预测方程,是预测沥青混合料模量的一个半经验方法[71]。

AASHTO 2002 力学—经验设计指南(MEPDG)为了确定性能模型中需要的材料参数采用了不同级别的水平(1、2 及 3)。对于水平 1,从室内试验及非线性优化得到动态模量。对于水平 2 和 3,采用已有的材料预测模型的不同组合从而得到动态模量。该动态模型就是 1999 年版的 Witczak 动态模量预测方程[式(3-1)],它是在美国沥青协会(AI)、马里兰(Maryland)大学和联邦公路局对 205 种不同的沥青混合料在试验室持续 30 多年的试验所测得的 2 750 个动态模量数据基础上得到的,它是把混合料体积特征、级配、沥青黏度和加载频率作为输入变量来预测沥青混合料模量。这个模型能够在温度范围、加载速率及老化条件下通过利用材料规范和混合料体积设计过程中容易得到的信息来预测混合料模量。

$$\begin{aligned}\lg|E^*| = & -1.249\,937 + 0.029\,232\rho_{200} - 0.001\,767\rho_{200}{}^2 - \\ & 0.002\,841\rho_4 - 0.058\,097V_{\mathrm{a}} - 0.802\,208\left(\frac{V_{\mathrm{beff}}}{V_{\mathrm{beff}} + V_{\mathrm{a}}}\right) + \\ & \frac{3.871\,977 - 0.002\,1\rho_4 + 0.003\,958\rho_{38} - 0.000\,017\,(\rho_{38})^2 + 0.005\,47\rho_{34}}{1 + \mathrm{e}^{(-0.603\,313 - 0.313\,351\lg f - 0.393\,532\lg\eta)}}\end{aligned} \tag{3-1}$$

式中：$|E^*|$——动态模量；

η——沥青黏度；

f——加载频率(Hz)；

V_a——空隙率(%)；

V_{beff}——有效沥青含量(体积百分比)；

ρ_{34}——19mm 筛的累积筛余百分数；

ρ_{38}——9.5mm 筛的累积筛余百分数；

ρ_4——4.75mm 筛的累积筛余百分数；

ρ_{200}——通过 0.075mm 筛的百分数。

另一个 Witczak 预测模型是来自 Bari 和 Witczak 2006 年在美国亚利桑那州立大学完成的一项全面的研究。Bari 和 Witczak 用从 360 个混合料中得到的一个包含 7 400 个$|E^*|$值(2 750 个是原来版本的数据,4 650 个是新数据点)的巨大数据库修订了上述 1999 版的预测模型[80]。该预测模型的一个最大的改进是用沥青的动态剪切模量和相位角来作为模型的输入,而 1999 年的方程用黏度和加载频率来表征沥青的力学行为。2006 版的新 Witczak 预测方程如式(3-2)所示。

$$\lg|E^*| = -0.349 + 0.754(|G_b^*|^{-0.0052}) \cdot \left[\begin{array}{l} 6.65 - 0.032\rho_{200} + 0.027\rho_{200}^2 - 0.011\rho_4 - 0.0001\rho_4^2 + \\ 0.006\rho_{38} - 0.00014\rho_{38}^2 - 0.08V_a - 1.06\left(\dfrac{V_{beff}}{V_a + V_{beff}}\right) \end{array}\right] + \frac{2.56 + 0.03V_a + 0.71\left(\dfrac{V_{beff}}{V_a + V_{beff}}\right) + 0.012\rho_{38} + 0.0001\rho_{38}{}^2 - 0.01\rho_{34}}{1 + e^{(-0.7814 - 0.5785\log|G_b^*| + 0.8834\lg\delta_b)}} \tag{3-2}$$

式中：$|E^*|$——动态模量；

V_a——空隙率(%)；

V_{beff}——有效沥青含量(体积百分比)；

ρ_{34}——19mm 筛的累积筛余百分数；

ρ_{38}——9.5mm 筛的累积筛余百分数；

ρ_4——4.75mm 筛的累积筛余百分数；

ρ_{200}——通过 0.075mm 筛的百分数；

$|G_b^*|$——结合料动态剪切模量；

δ_b——与$|G_b^*|$相关的结合料相位角。

显然,由于 2006 版新 Witczak 预测方程包括了更多的数据,其应该比 AASHTO

2002 预测模型(1999 版 Witczak 预测方程)的预测能力更强。

2)改进的 Hirsch 预测模型

改进的 Hirsch 模型也是预测沥青混合料动态模量的一个半经验方法,它是 Christensen 等人在 2003 年提出的一个简化预测模型,并被国外许多研究人员和业内人士所采用。模型基于混合料组成规则产生了一个简单的预测表达式,在模型中沥青混合料的动态模量 $|E^*|$ 是直接用结合料动态剪切模量 $|G^*|$、矿质集料的间隙率(VMA)及用沥青饱和度(VFA)来评估[81]。模型的表达式如式(3-3)和式(3-4)所示:

$$|E^*| = P_c\left[4\,200\,000\left(1-\frac{\mathrm{VMA}}{100}\right)+3|G_b^*|\left(\frac{\mathrm{VFA}\cdot\mathrm{VMA}}{10\,000}\right)\right]+ (1-P_c)\left(\frac{1-\dfrac{\mathrm{VMA}}{100}}{4\,200\,000}+\frac{\mathrm{VMA}}{\mathrm{VFA}\cdot 3|G_b^*|}\right)^{-1} \tag{3-3}$$

$$P_c = \frac{\left(20+\dfrac{\mathrm{VFA}\cdot 3|G_b^*|}{\mathrm{VMA}}\right)^{0.58}}{650+\left(\dfrac{\mathrm{VFA}\cdot 3|G_b^*|}{\mathrm{VMA}}\right)^{0.58}} \tag{3-4}$$

式中:$|E^*|$——动态模量;

$|G_b^*|$——结合料动态剪切模量;

VMA——矿料间隙率(%);

VFA——沥青饱和度(%);

P_c——集料接触因子。

上述方程中沥青结合料的剪切模量可以用动态剪切流变仪(DSR)或类似设备通过试验确定,或者可以通过数学模型来估算。加载时间和温度应该与混合料模量所选择的相同。

3)Hashin 细观力学分析模型

细观力学是一个用来确定混合料有效特征和混合料几何相位的理论方法。用小尺度参数(如非均质体的形状和体积部分)和它们自身的构成特征可以计算混合料宏观尺度水平的本构响应。到目前为止,国内外已经开发了许多不同的细观力学分析模型来理解非均质混合料的行为。在大量的细观力学分析模型中,Hashin 在线弹性变分定理基础上对包含球形颗粒的各向同性均匀介质提出了一个近似模型。

材料有效弹性特征可以在拉普拉斯变换基础上直接利用对应原理转化为黏弹

性特征。所以,弹性解在转换区域内通过替换材料弹性特征可以重新解释为黏弹性解。相应的时间依赖性黏弹性特征,诸如松弛模量可以通过简单颠倒拉普拉斯变换来确定。通过假设刚性集料的剪切模量和每个相位的泊松比为常数(不是时间的函数),就可以用下面的 Hashin 细观力学分析模型来表达沥青混合料的线黏弹性剪切模量[76,82],见式(3-5)。

$$G(t)=\left[\widetilde{G}_{\mathrm{m}}(s)+\frac{15\widetilde{G}_{\mathrm{m}}(s)(1-V_{\mathrm{m}})\left(\frac{G_{\mathrm{p}}}{\widetilde{G}_{\mathrm{m}}(s)}-1\right)V_{\mathrm{p}}}{7-5V_{\mathrm{m}}+2(4-5V_{\mathrm{m}})\left[\frac{G_{\mathrm{p}}}{\widetilde{G}_{\mathrm{m}}(s)}-\left(\frac{G_{\mathrm{p}}}{\widetilde{G}_{\mathrm{m}}(s)}-1\right)V_{\mathrm{p}}\right]}\right]_{s\to\frac{0.56}{t}} \tag{3-5}$$

式中:$G(t)$——沥青混合料的剪切松弛模量;

$\widetilde{G}_{\mathrm{m}}(s)$——玛蹄脂相位的 Carson 转化剪切模量;

G_{p}——集料颗粒的弹性剪切模量;

V_{m}——玛蹄脂相位的泊松比;

V_{p}——集料颗粒的体积比;

s——拉普拉斯变量。

剪切松弛模量可以作为时间函数来绘制。绘制松弛模量和时间之间的数据图需要一个在本构方程中用来计算线黏弹性响应的拟合曲线函数。在许多拟合曲线函数中,基于广义 Maxwell 模型的 Prony 级数比其他函数拟合的数据在数学上更有效。松弛模量的 Prony 级数表达式如式(3-6)所示:

$$G(t)=G_{\infty}+\sum_{i=1}^{n}G_i\mathrm{e}^{-\frac{t}{\rho_i}} \tag{3-6}$$

式中:G_{∞}——$t\to\infty$ 时的松弛模量值;

G_i——广义 Maxwell 模型的弹簧系数;

ρ_i——松弛时间;

n——广义 Maxwell 模型的 Maxwell 单元数。

如果从松弛模量图中确定 Prony 级数中的参数,那么通过式(3-7)和式(3-8)可以计算储存模量和损耗模量,并且作为加载频率函数的相应动态剪切模量可以从式(3-9)中获得。

$$G'(\omega)=G_{\infty}+\sum_{i=1}^{n}\frac{G_i\omega^2\rho_i^{\ 2}}{\omega^2\rho_i^{\ 2}+1} \tag{3-7}$$

$$G''(\omega)=\sum_{i=1}^{n}\frac{G_i\omega\rho_i}{\omega^2\rho_i^{\ 2}+1} \tag{3-8}$$

$$|G^*(\omega)| = \sqrt{[G'(\omega)]^2 + [G''(\omega)]^2} \tag{3-9}$$

式中：$|G^*(\omega)|$——动态剪切模量；

$G^*(\omega)$——复合剪切模量；

$G'(\omega)$——剪切储存模量；

$G''(\omega)$——剪切损耗模量；

ω——角频率。

如果假设沥青混合料的泊松比为一个常数，那么基于 Hashin 细观力学分析方法的动态模量最终可以按照式(3-10)来表达：

$$|E^*(\omega)| = 2|G^*(\omega)| \cdot (1+\nu) \tag{3-10}$$

式中：$|E^*(\omega)|$——混合料的动态模量；

ν——混合料的泊松比。

Kim 和 Little 发现[82]，当填料(矿粉)在胶浆中的体积比低的时候，Hashin 模型可以精确预测沥青胶浆中填料的硬化影响；然而，在高体积比时模型预测偏离了测试数据。这表明，其存在明显的颗粒相互作用和沥青与填料之间潜在的物理—化学强化。不规则的颗粒形状和粗糙的纹理可能是引起模型预测与试验数据之间差异的其他变量，这是因为 Hashin 模型是在没有颗粒相互影响的理想球形颗粒混合物的基础上发展而来的。

3.1.2　动态模量预测模型的验证

1)模型相关输入参数试验

为了对动态模量预测模型进行验证，需要通过进行相关室内试验来获取混合料体积设计参数、单个混合料成分的力学性能、沥青混合料试件的动态模量主曲线以及沥青混合料细观结构的数字图像。试验采用两种不同体积特征的 AC-13 密级配沥青混合料(即表 3-1 中的级配 1、级配 2)，并在混合料设计中采用 PG64-28 沥青结合料。

用已完成的混合料设计进行体积分析，从而获取相关模型输入参数，如表 3-1 所示的有效沥青含量(V_{beff})、矿料间隙率(VMA)、沥青饱和度(VFA)以及空隙率(V_a)等。用动态流变试验(DSR)来表征沥青材料的线黏弹性特征。

混合料级配体积特征(单位:%)　　表 3-1

级配体积特征	级配 1	级配 2
空隙率(V_a)	3.8	3.9
VMA	15.1	14.2

续上表

级配体积特征	级配 1	级配 2
VFA	74.0	72.6
有效沥青含量(V_{beff})	10.8	9.7
0.075mm 筛孔通过率	6.3	5.4
4.75mm 筛孔累积筛余	32.7	32.6
9.5mm 筛孔累积筛余	15.9	15.8
19mm 筛孔累积筛余	0.0	0.0

在不同温度下进行一系列动态变频测试,得到一个长期频率范围的线黏弹性剪切模量($|G_b^*|$),再通过频率—温度叠加技术来得到20℃时的$|G_b^*|$主曲线。沥青材料的剪切模量是半经验模型中的一个关键成分特征指标。

为了完成细观力学分析模型,需要沥青混合料的细观结构。沥青混合料的二维细观结构是通过用扫描图像的数字图像处理获取,该扫描图像从锯开的 Superpave 旋转压实(SGC)试件(直径 150mm、高 170mm)中得到;通过沿着垂直面切割该压实圆柱体来展现试件的二维横截面;然后通过进行图像处理过程来把原始图像(灰色)转换成二进制格式(黑色和白色各自代表沥青砂胶和集料)。小于 0.3mm 集料级配部分不能通过数字图像处理来获取,所以,把与小于 0.3mm 颗粒混合的黑色部分作为沥青砂胶(与小于 0.3mm 集料混合并夹带空隙的沥青胶结料)来考虑。图 3-1 所示的是应用的经过数字图像处理的沥青混合料数字图像(宽 100mm、高 150mm)。然后通过分析处理后的图像来量化混合料的体积部分,因为在 Hashin 细观力学分析模型中要用集料的体积部分(V_p)。

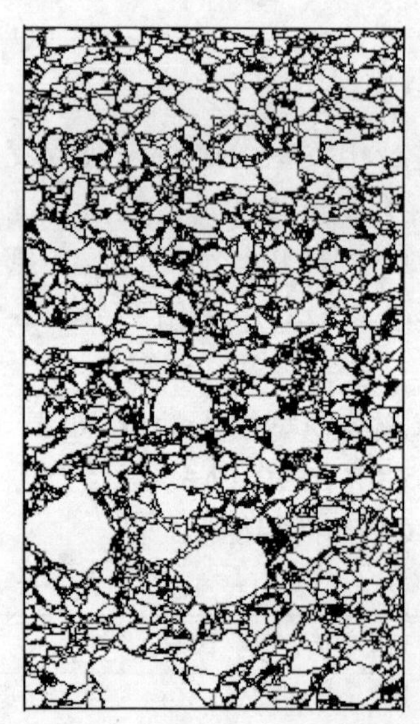

图 3-1 沥青混合料结构的数字图像

正如图 3-1 所示和先前描述的内容,出现了两个不同的相位(大于 0.3mm 的集料标志为白色,沥青砂胶为黑色),所以需进行室内试验来表征混合料每个相位的基本材料特征;然后把试验结果作为两个细观力学模型(Hashin 分析模型和基于有限元的数值模型)的模型输入。细观力学模型所需要的材料特征是大于 0.3mm 集料颗粒的线弹性特征和沥青玛蹄脂相位的线黏弹性特征。

采用压痕技术测得集料的弹性模量。在压痕过程中,记录穿透深度并用已知的压痕尖端几何来确定压痕面积。在图表上绘出试验期间的荷载和穿透深度,以便生成弹性模量的荷载—位移曲线。进行了25次测试,得出的弹性模量平均值为50.8GPa。通过进一步研究混合料中每种集料类型体积部分来获取集料刚度的加权平均。集料泊松比取0.15。

为了表征砂胶的线黏弹性特征,用小于0.3mm的集料制作圆柱形砂胶试件。对砂胶试件进行击实以便由此产生的试件表观密度与从沥青混合料中获取的相吻合。进行动态变频测试来确定沥青玛蹄脂相位的线黏弹性材料特征。在流变仪中通过用一个0.006 5%的低正弦扭应变(这个应变水平在线黏弹性范围内)并在几个不同温度(10℃、23℃和40℃)下变化频率(0.01~10Hz)来对试件进行测试。在把沥青砂胶考虑为一个热流变简单材料中,用频率(或时间)—温度叠加原理来获取参考温度为20℃时储能模量在频率范围内的线黏弹性主曲线。用其他研究描述过的程序和储能模量中的Prony级数参数来确定砂胶的线黏弹性特征。为了简化,假定其泊松比为0.35。

2)动态模量试验

为了评价验证每个预测模型,采用单轴试验模式对圆柱形沥青混合料试件进行动态模量试验[83],如图3-2所示。单轴压缩动态模量试验的试件为直径100mm、高150mm的圆柱体,由旋转压实仪成型的直径150mm、高170mm的试件中钻取芯样得到。在试件上分别施加频率为25Hz、10Hz、5Hz、1Hz、0.5Hz、0.1Hz的正弦波或半正矢波形荷载(由高频到低频进行),试验荷载控制在响应应变为50~150$\mu\varepsilon$范围,试验温度分别为-10℃、5℃、20℃、35℃、50℃(由低温到高温进行)。通过沿圆周等间距安放在试件中部的3个位移传感器量测荷载作用下的轴向变形。计算轴向应力幅值和可恢复轴向应变幅值后,由二者之比计算得到动态模量,并按最后五次加载循环中变形峰值与荷载峰值的平均滞后时间和平均加载时间之比计算相位角。在20℃、10Hz标准条件下测定动态模量;为了得到代表每个混合料动态模量的主曲线,采用了频率—温度叠加原理。

图3-2 单轴压缩试验

3)预测模型的比较验证

为了更好地把上述预测模型应用到沥青路面结构设计中,从而节省时间和费用,本项研究把每种预测模型之间的动态模量与试验所得数据(两个试件的平均)进行比较,如图3-3所示。从图中两种不同体积特征的级配情况下可以看到,Hashin模型(细观力学分析模型)在较低频率时低估了动态模量,而在较高频率时却高估了动态模量,其预测数据与试验实测数据的一致性较差。Hashin模型较差的预测能力可能是其假设不考虑分级颗粒的几何复杂性和材料之间联系的缘故。AASHTO 2002预测方程(1999版的Witczak预测模型)所模拟的动态模量大于室内试验结果,从图中的预测和测试结果之间可以看到它的垂直移位。改进的Hirsh模型产生的模量低于试验结果,但是两者的偏差并不明显。在较低加载频率时,试验结果与新Witczak预测模型之间呈现出一定的偏差,但是在加载频率较高时,预测结果较好。

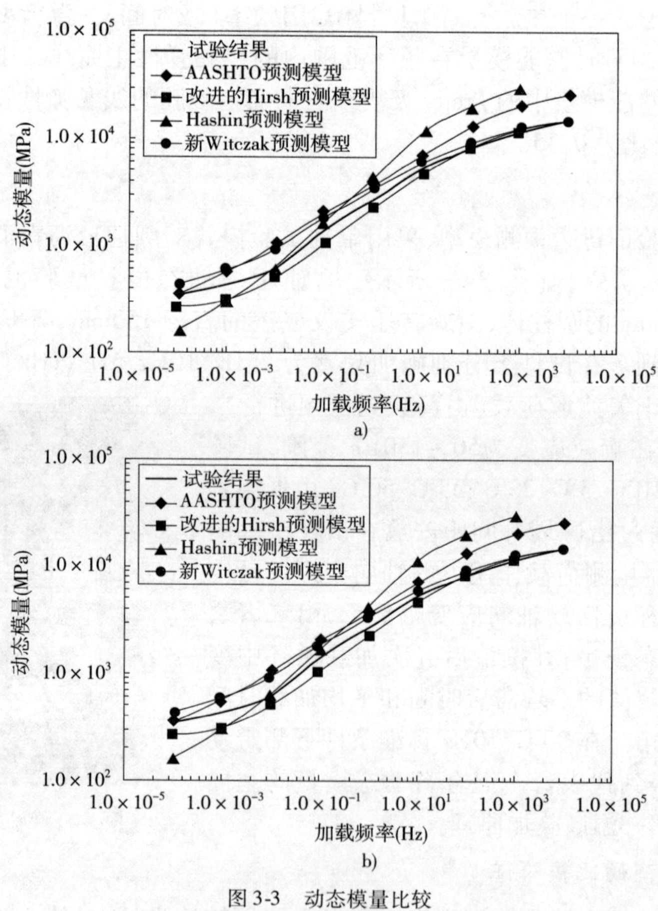

图3-3　动态模量比较

a)级配1组成的混合料;b)级配2组成的混合料

为了研究不同方式下每个模型的预测能力,把每个模型中得到的预测动态模量与试验实测动态模量绘成对比关系图,其结果如图 3-4 所示。从图中可以看到,改进的 Hirsh 预测模型和新 Witczak 预测模型与等值线的偏差较小;Hashin 预测模型(细观力学分析模型)与等值线的偏差从较低频率(产生低模量)到较高频率(产生较高模量值)逐渐增大;AASHTO 2002 预测模型与 Hashin 模型类似,但在高频率时的偏差没有 Hashin 预测模型大,其预测能力好于 Hashin 预测模型。

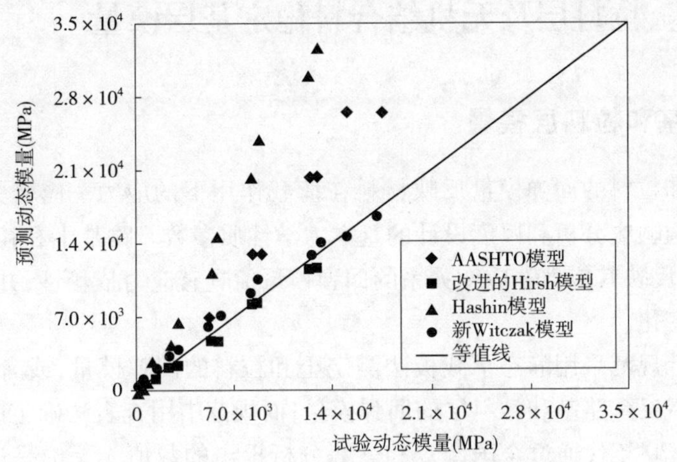

图 3-4　试验动态模量与各模型预测动态模量的关系

从上述三个图中可以看出,新 Witczak 预测模型和改进的 Hirsh 预测模型的预测能力较好,Hashin 细观力学分析模型的预测能力较差。从图中还可以看到,新 Witczak 预测模型明显好于 AASHTO 2002 预测方程(1999 版的 Witczak 预测模型),其具有较高的预测能力。这可能主要是由于以下原因:

(1)AASHTO 2002 预测方程(1999 版的 Witczak 预测模型)是在其他技术基础上来确定沥青的黏度,在模型的发展中采用 ASTM 的 A-VTS 关系。它的缺陷是没有考虑加载频率(或时间)对混合料中沥青劲度模量的影响;反过来,与用 A-VTS 方法所得到的相比,$|G_b^*|$(用在新模型里的)是一个更具有代表性的劲度模量指标。

(2)目前许多国家已经采用当前的 PG 结合料分级系统,因此,$|G_b^*|$数据将比典型的 A-VTS 数据更有用。

(3)AASHTO 2002 预测方程(1999 版的 Witczak 预测模型)是基于从 205 种未曾老化的室内混合的沥青混合料中所得到的 2 750 个数据点;反过来,新的 Witczak 模型数据库有一个范围更广的初始输入变量和一个更宽范围的沥青劲度模量值。

(4)新 Witczak 模型是在一个非常大且多功能的$|E^*|$数据库基础上得到的,而 AASHTO 2002 预测方程(1999 版的 Witczak 预测模型)是针对较小范围的混合料,在很小范围的数据库基础上得到的。

因此,为了节省费用和时间,在沥青路面结构设计时,可采用新 Witczak 预测模型或改进的 Hirsh 预测模型来进行沥青混合料的动态模量预估。

3.2 土基、粒料层及无机结合料稳定基层模量

3.2.1 土基和粒料层模量

路基土和粒料的回弹模量反映材料在荷载作用下的应力—应变关系,是沥青路面进行结构响应分析和厚度设计的基本力学性质参数。路基土和粒料是非线性弹塑性材料,反映其应力—应变关系的回弹模量值具有应力依赖性,并随其湿度和密实度状态变化。

现行设计规范采用静态承载板法测定土和粒料的回弹模量,或者采用贝克曼梁测定弯沉后反算路基和粒料层的回弹模量;而规范中用查表法确定的参考值,是依据 20 世纪 70 年代通过全国调查和计算分析提出的数值。无论是试验方法、参数指标或是参考值,它们都不能正确反映材料的基本力学性状,也不能据此得到合理的路面结构响应分析和设计结果。

沙爱民教授使用动态抗压回弹模量作为粒料层和土基的结构分析输入参数,比较符合粒料层和土基的力学行为[84]。参数输入分为三个水平,但按照目前的结构分析模型(弹性层状体系),第 1 水平和第 2 水平的参数输入并不适用,建议选用第 3 水平。

1)第 1 水平

按照标准重复加载三轴试验测定材料(在最佳含水率和最大干密度条件下)的动态抗压回弹模量,然后通过采用有限元法(或其他方法)进行迭代,从而得到粒料层或土基的当量回弹模量。

2)第 2 水平

不需要进行动态抗压回弹模量的试验,而是根据预估方程和简单的材料试验(如测定材料的含水率、最大干密度、颗粒组成等)预估材料的回弹模量,如式(3-11):

$$M_{\mathrm{R}}=k_{1}p_{\mathrm{a}}\left(\frac{\theta}{p_{\mathrm{a}}}\right)^{k_{2}}\left(\frac{\tau_{\mathrm{oct}}}{p_{\mathrm{a}}}+1\right)^{k_{3}} \tag{3-11}$$

式中：M_{R}——路基实际使用状态下的回弹模量（MPa）；

p_{a}——参照应力，为100kPa；

θ——主应力之和；

τ_{oct}——八面体剪应力；

k_1、k_2、k_3——参数。

对于粒料材料（级配碎石）：

$k_1=-0.1088w+1.6710$

$k_2=0.6836$

$k_3=0.0416d_{60}-0.0288P_5-1.8353$

对于路基土：

$$k_1=0.1428\mathrm{PI}-0.154w+0.0652\frac{\gamma_{\mathrm{d}}}{\gamma_{\mathrm{dmax}}}+0.0061P_{0.075}-4.7674$$

$$k_2=-0.0409\mathrm{PI}+0.0399w-0.034P_{0.075}+0.7506$$

$$k_3=0.1439\mathrm{PI}-0.1328w+0.046\frac{\gamma_{\mathrm{d}}}{\gamma_{\mathrm{dmax}}}-5.9509$$

预估后的材料模量通过采用有限元法（或其他方法）进行迭代，从而得到粒料层或土基的当量回弹模量。

3）第3水平

不需要通过室内试验来确定材料的模量，采用不同粒料材料和路基土的当量回弹模量推荐值，见表3-2、表3-3，设计时可根据不同的材料和土质选用。

粒料层回弹模量设计参考值取值范围（单位：MPa）　　表3-2

材料分类	轻交通		中等交通		重交通		注释
	取值范围	代表值	取值范围	代表值	取值范围	代表值	
级配碎石	250~650	450	200~500	350	150~400	300	上基层
	250~550	400	200~400	300	—	—	基层
	180~300	220	180~250	215	180~250	210	底基层
级配砾石	200~400	300	150~300	250	—	—	基层
	150~250	195	150~220	190	150~200	180	底基层

注：当超载现象显著时，取带底画线的数值。级配下限（偏粗）取高值，级配上限（偏细）取低值。

路基回弹模量设计参考值取值范围(单位:MPa) 表 3-3

材料分类	轻交通		中等交通		重/特重交通	
	取值范围	代表值	取值范围	代表值	取值范围	代表值
砾类土*	100~125	110	105~130	115	110~135	120
土质砾	95~115	105	95~120	105	100~125	110
砂类土*	90~110	100	95~115	105	100~120	105
土质砂	60~85	70	65~90	75	70~95	80
粉质土	50~75	65	55~80	70	60~85	75
黏质土	50~70	60	55~75	65	55~80	70

注:对带*号的材料,级配下限(偏粗)取高值,级配上限(偏细)取低值。其余带塑性的材料,塑性大的取高值,塑性指数小的取低值($2 < I_p \leqslant 18$)。对同一种土,交通等级越重或为柔性基层,模量值选用高限。

交通等级和路面结构类型对路基土模量的取用影响很小,最重要的影响因素是土质类型,如表 3-4 所示。

不同土质的路基土模量范围(单位:MPa) 表 3-4

土质类型	砾类土	土质砾	砂类土	土质砂	粉质土	黏质土
模量范围	100~135	95~110	90~120	60~95	50~85	50~80

利用上述表格中的数值得出的模量为标准条件下(对应最佳含水率和最大干密度)的模量,结构分析时应考虑路基土湿度状况对路基模量的影响,需把路基分为三种状态——干燥、中湿和潮湿,并应按照非冰冻区和冰冻区分别采用路基土的模量湿度修正系数 F_S 进行修正:

$$F_S = \frac{M_R}{M_{Ropt}} \tag{3-12}$$

式中:F_S——路基回弹模量调整系数;

M_{Ropt}——标准状态(即路基土处于最佳含水率、最大干密度)时的回弹模量(MPa);

M_R——路基实际使用状态下的回弹模量(MPa)。

对于非冰冻地区:

$$\lg F_S = \lg \frac{M_R}{M_{Ropt}} = a + \frac{b-a}{1 + e^{\left[\ln\left(-\frac{b}{a}\right) + k_m (S - S_{opt})\right]}} \tag{3-13}$$

式中:a——$\lg(M_R/M_{Ropt})$的最小值;

b——$\lg(M_R/M_{Ropt})$的最大值;

k_m——方程回归参数；

$S-S_{opt}$——饱和度的变化值，对于非冰冻地区，S 为路基处于平衡湿度时的饱和度。

其模量修正系数方程中的回归系数，如表 3-5 所示。

方程参数回归结果　　表 3-5

a	b	k_m
-0.656 3	0.254 8	6.460 4

对于冰冻区：

$$M_R=\frac{\sum(M_R\times\mu_{Rs,i})}{\sum\mu_{Rs,i}} \tag{3-14}$$

式中：M_R——冰冻区的有效回弹模量；

$\mu_{Rs,i}$——冰冻区不同时期下回弹模量所对应的损伤系数，$\mu_{Rs,i}=4.022\times10^7\cdot(M_R)^{-1.962}$。

考虑模量湿度调整系数后，不同土质在不同湿度条件下的模量范围见表 3-6，其范围的间距比我国目前规范大了许多。

路基土在不同湿度条件下的模量范围（单位：MPa）　　表 3-6

湿度 / 路基土	潮湿		中湿		干燥	
土质	非冰冻	冰冻	非冰冻	冰冻	非冰冻	冰冻
砂	72～106	49～72.8	47～135	49～79	64～142	51～90
土质砂	3～58	27～47.5	26～165	28～66	36～173	31～71
粉土	20～59	20～49.9	20～151	20～65	20～151	20～71
黏土	27～117	25～69	24～143	25～74	24～143	23～79

3.2.2　无机结合料稳定基层模量

沥青路面中的无机结合料稳定类基层或底基层，由于湿度收缩和温度收缩作用，在开放交通之前或之初便会产生内应力，并由此而出现微裂隙。这些微裂隙在荷载反复作用下逐步扩展，并最终导致混合料的疲劳破坏。微裂隙的出现可使混合料的模量值下降，而随着微裂隙的不断扩展，混合料的模量值也不断降低。因此，直接选用室内试件的模量测定值作为路面结构分析的材料参数，会由于选用模量值偏大而使应力（应变）计算结果失真。

南非研究者将无机结合料稳定材料的性状在基层或底基层使用过程中的发展变化分为 3 个阶段[84]：

(1)第 1 阶段——无交通荷载裂缝但有收缩裂缝的前期阶段。

(2)第 2 阶段——微裂隙扩展,并有荷载裂缝阶段。

(3)第 3 阶段——结构层碎裂成类似于粒料层阶段。

南非研究者对各种水泥稳定材料在这 3 个阶段的弹性模量提出了建议值,并列入南非路面力学设计方法中,如表 3-7 所示[84]。可以看出,由于微裂隙的出现和发展,各个阶段的弹性模量值要比完好无损的室内试件模量值小很多。

水泥稳定材料在不同阶段的弹性模量(单位:MPa)　　表 3-7

集料	开裂前无侧限抗压强度	开裂前		开裂后		
		完好无损	第 1 阶段：收缩裂缝	第 2 阶段：含微裂隙,伴有荷载裂缝	第 3 阶段:碎裂成粒料	
					干燥	潮湿
级配碎石	6 ~ 12	6 000 ~ 30 000	2 500 ~ 3 000	800 ~ 1 000	400 ~ 600	50 ~ 400
级配碎石 天然砾石	3 ~ 6	3 000 ~ 14 000	2 000 ~ 2 500	500 ~ 800	300 ~ 500	50 ~ 300
天然砾石	1.5 ~ 3	2 000 ~ 10 000	1 000 ~ 2 000	500 ~ 800	200 ~ 400	20 ~ 200
砾石土	0.75 ~ 1.5	500 ~ 7 000	500 ~ 2 000	400 ~ 600	100 ~ 300	20 ~ 200

参照南非路面力学设计方法中的含收缩裂缝的模量建议值,可以为各种无机结合料稳定类材料提出相应的弹性(回弹)模量设计参考值,如表 3-8 所示。

无机结合料稳定类材料弹性(回弹)模量(单位:MPa)　　表 3-8

材料类型	7d 浸水抗压强度	试件模量	收缩开裂后模量	疲劳破坏后模量
水泥稳定类	3.0 ~ 6.0	3 000 ~ 14 000	2 000 ~ 2 500	300 ~ 500
	1.5 ~ 3.0	2 000 ~ 10 000	1 000 ~ 2 000	200 ~ 400
石灰—粉煤灰稳定类	≥0.8	3 000 ~ 14 000	2 000 ~ 2 500	300 ~ 500
	0.5 ~ 0.8	2 000 ~ 10 000	1 000 ~ 2 000	200 ~ 400
石灰稳定类	≥0.8	2 000 ~ 4 000	800 ~ 2 000	100 ~ 300
	0.5 ~ 0.8	1 000 ~ 2 000	400 ~ 1 000	50 ~ 200

3.3 沥青混合料的抗疲劳能力

沥青路面结构设计中需要考虑的另一个重要材料特性是沥青混合料的抗疲劳能力。早在 1971 年和 1973 年,Berkeley 大学的 Carl L. Monismith 和 Nottingham 大学的 P. S. Pell 分别建立了沥青混合料疲劳性能预测方程，从而确立了按应变控制和应力控制疲劳试验模式下的疲劳性能早期经典预测模型。

华南理工大学[85]在分析影响疲劳性能的诸方面因素、比较国外的各种疲劳性能模型并应用试验数据进行了对比后，选用应变水平、初始弯拉劲度模量和有效沥青饱和度（VFA）作为模型的自变量。初始弯拉劲度模量综合反映了沥青劲度、混合料体积组成、温度和加载频率对沥青混合料疲劳寿命的影响，而有效沥青饱和度主要反映沥青含量和空隙率的影响。疲劳模型选用以下两种形式：

$$N_f = A\varepsilon^{-b}S_0^{-c} \tag{3-15}$$

$$N_f = A\varepsilon^{-b}S_0^{-c}\mathrm{VFA}^d \tag{3-16}$$

式中：N_f——沥青混合料的疲劳寿命（次）；

ε——重复应变水平（10^{-6}）；

S_0——初始弯曲劲度模量（MPa）；

VFA——有效沥青饱和度（%）；

A、b、c、d——通过试验确定的参数。

在对 618 组各种沥青混合料的疲劳试验结果（其中包括美国 SHRP 项目的 150 组有效数据、加州大学 Berkeley 的 250 组有效数据和加州运输部 30 组有效数据）进行回归分析后，建立了以下室内疲劳寿命预估模型：

$$N_f = 2.729 \times 10^{19}\varepsilon^{-3.747}S_0^{-1.286} \qquad (R^2 = 0.673) \tag{3-17}$$

$$N_f = 1.509 \times 10^{16}\varepsilon^{-3.973}S_0^{-1.589}\mathrm{VFA}^{2.720} \qquad (R^2 = 0.710) \tag{3-18}$$

以上两式表明，增加有效沥青饱和度 VFA 指标后，预估模型的相关系数有所提高。

路面结构分析和计算时，沥青混合料的模量采用的是圆柱体试件的动态压缩模量。为了避免路面设计时对沥青混合料采用两种模量，利用沥青混合料动态模量的试验结果，进行了弯曲劲度模量和动态压缩模量之间的相关性分析。分析时，应用了 Christensen 提出的弯曲劲度模量与动态压缩模量之间的经验转换关系式（3-19）：

$$|S_0| = 0.66\ |E|^{0.994} \tag{3-19}$$

式中：$|S_0|$——沥青混合料的动态弯曲模量（MPa）；

$|E|$——沥青混合料的动态压缩模量（MPa）。

在通过长均匀 4m 的 3 个试验段（沥青层厚度为 5cm、10cm 和 15cm）的路面加速试验（ALF），对室内疲劳模型进行修正，引入了模式系数、轮载横向分布系数和轴载换算系数，并标定了室内模型的系数后，得到经过验证和修正后的沥青层疲劳寿命预估模型：

$$N_f = 5.314 \times 10^{17}(1 + e^{-5.790MF})^{-1} \varepsilon^{-3.973} E^{-1.579} VFA^{2.720} \tag{3-20}$$

式中：MF——加载模式系数。

为了验证疲劳寿命预估模型[式(3-20)]与国外其他疲劳寿命预估模型的可比性，本研究中开展了与美国 AASHTO 2002 设计指南中采用的沥青层疲劳预估模型之间的对比验证分析。AASHTO 2002 力学—经验设计指南(MEPDG)中的沥青路面疲劳方程是在美国沥青协会(AI)疲劳方程的基础上进行修正得到的[71]，其表达方程如下：

$$N_f = 0.00432K'_1 C \left(\frac{1}{\varepsilon_t}\right)^{3.9492} \left(\frac{1}{E}\right)^{1.281} \tag{3-21}$$

式中：C——空隙率和沥青体积率的函数，$C = 10^M$；

M——$M = 4.84[V_b/(V_a + V_b) - 0.6875]$；

E——沥青混合料的动模量(psi，1psi = 0.06895MPa)；

ε_t——弯拉应变；

K'_1——修正系数，根据开裂方式取值。

对于自下向上开裂时：

$$K'_1 = \frac{1}{0.000398 + \dfrac{0.003602}{1 + e^{(11.02 - 3.49H_{ac})}}} \tag{3-22}$$

式中：H_{ac}——沥青层厚度(inch，1inch = 0.0254m)。

对比验证分析选用了 22 个不同路面结构形式，选择沥青层厚度范围为 5 ~ 45cm 之间的级配碎石基层沥青路面，沥青层模量范围为 6 000 ~ 10 000MPa，基层模量范围为 100 ~ 500MPa，土基模量范围为 20 ~ 100MPa；面层厚度取 5 ~ 45cm，基层厚度取 20 ~ 60cm，共 5 个计算参数。计算设计方案见表 3-9，共计算了 22 个不同路面结构形式，计算得到沥青层层底应变水平，并列于表 3-9 中。

不同路面结构方案计算的沥青层层底应变 表 3-9

编 号	面层厚度(cm)	基层厚度(cm)	面层模量(MPa)	基层模量(MPa)	土基模量(MPa)	应变 ε_{ti}(με)
1	5	55	10 000	250	40	260
2	10	40	7 500	450	40	151
3	15	50	6 000	350	30	130
4	5	55	7 000	450	60	233
5	10	45	10 000	350	50	142
6	5	60	7 000	100	100	490

续上表

编　号	面层厚度（cm）	基层厚度（cm）	面层模量（MPa）	基层模量（MPa）	土基模量（MPa）	应变 ε_{ti}（με）
7	10	20	7 000	100	80	273
8	15	30	6 500	450	50	123
9	20	30	6 500	400	20	101
10	5	30	6 500	300	80	290
11	10	25	9 500	150	100	198
12	15	45	9 000	100	30	150
13	5	30	9 500	350	90	237
14	10	25	9 000	350	60	169
15	15	35	8 000	500	40	103
16	5	25	9 500	350	60	247
17	10	35	9 000	250	30	187
18	15	20	7 000	150	20	195
19	20	60	8 500	100	20	106
20	40	50	8 500	200	70	30
21	45	20	10 000	300	90	21
22	30	30	7 000	300	40	57

对于上述22种路面结构，采用疲劳寿命预估模型式(3-20)和式(3-21)进行对比分析，分别取VFA为70%和80%，考虑模量、厚度的单位换算，进行各结构的疲劳寿命计算。为了比较，对不同标准轴载(国内按100kN，AASHTO按80kN)进行4次方等效换算，具体计算结果列于表3-10中。其中 N_f(2002)为AAHSTO 2002设计指南经等效轴载换算后计算的疲劳寿命(80kN换算为100kN)，N_f(g)为按预估方程式(3-20)计算得到的疲劳寿命。

不同疲劳寿命预测模型预测结果比较　　表3-10

编　号	应变（με）	VFA为70%		VFA为80%	
		N_f(2002)	N_f(g)	N_f(2002)	N_f(g)
1	260	8.25×10^6	4.63×10^6	2.52×10^7	1.15×10^7
2	151	1.23×10^7	2.25×10^7	3.74×10^7	5.71×10^6
3	130	2.78×10^7	1.39×10^7	8.48×10^7	4.94×10^6
4	233	2.01×10^7	1.12×10^7	6.13×10^7	1.61×10^7

续上表

编 号	应变(με)	VFA 为 70%		VFA 为 80%	
		N_f(2002)	N_f(g)	N_f(2002)	N_f(g)
5	142	1.08×10^{7}	1.39×10^{7}	3.29×10^{7}	2.00×10^{7}
6	490	1.07×10^{6}	8.71×10^{5}	3.25×10^{6}	1.25×10^{6}
7	273	1.29×10^{6}	1.07×10^{6}	3.94×10^{6}	1.54×10^{6}
8	123	3.13×10^{7}	2.27×10^{7}	9.53×10^{7}	3.26×10^{7}
9	101	6.81×10^{7}	1.42×10^{7}	2.07×10^{8}	2.04×10^{7}
10	290	9.31×10^{6}	7.98×10^{6}	2.84×10^{7}	6.65×10^{6}
11	198	3.11×10^{6}	3.97×10^{6}	9.47×10^{6}	3.24×10^{7}
12	150	9.41×10^{6}	3.43×10^{6}	2.87×10^{7}	2.00×10^{7}
13	237	1.27×10^{7}	9.38×10^{6}	3.87×10^{7}	1.35×10^{7}
14	169	6.22×10^{6}	9.54×10^{6}	1.90×10^{7}	1.37×10^{7}
15	103	4.83×10^{7}	2.31×10^{7}	1.47×10^{8}	3.32×10^{7}
16	247	1.08×10^{7}	7.53×10^{6}	3.29×10^{7}	1.08×10^{7}
17	187	4.17×10^{6}	6.13×10^{6}	1.27×10^{7}	8.81×10^{6}
18	195	4.61×10^{6}	9.23×10^{5}	1.40×10^{7}	1.33×10^{6}
19	106	3.99×10^{7}	5.36×10^{6}	1.22×10^{8}	7.71×10^{6}
20	30	5.83×10^{9}	2.39×10^{8}	1.78×10^{10}	3.44×10^{8}
21	21	1.94×10^{10}	2.17×10^{9}	5.90×10^{10}	3.11×10^{9}
22	57	5.93×10^{8}	4.82×10^{7}	1.81×10^{9}	6.93×10^{7}

从表中的对比结果来看,预估模型方程式(3-20)与 AASHTO 2002 设计指南模型在应变值较大的结构中疲劳寿命预测结果基本接近,均在同一数量级内。而对于应变小于 50με 的小应变路面结构中,AASHTO 2002 设计指南的预测结果则要远远大于式(3-20)的预测结果。上述对比结果表明,预估模型方程式(3-20)的预测结果较为合理。

上述沥青混合料的疲劳寿命预估模型大都是针对常规应变水平下进行的,而大量研究表明,沥青混合料低应变水平下的疲劳行为明显不同于常规应变水平下的情况。因此,上述疲劳寿命预估模型对于沥青混合料低应变水平下的疲劳寿命就不能适用。然而,对于厚沥青层路面来说,一般应变水平较小,为了满足厚沥青层路面结构的设计要求,对低应变水平下沥青混合料疲劳行为进行研究,就显得非常有必要。对于长寿命沥青路面来说,低应变水平下的“疲劳极限”理论,是其路面结构设计的根本,因此必须对低应变水平下的疲劳极限确定进行研究。

3.4　沥青混合料疲劳极限的确定

从第 2 章的损伤病害分析可知，对于厚沥青层路面来说，其损伤病害主要是 Top-Down 裂缝（TDC）、沥青混合料车辙、路基车辙变形及传统的由下而上疲劳裂缝。因此，根据沥青路面响应与损伤模式，沥青混合料的主要控制指标为沥青层层底拉应变、路基压应变与 Top-Down 裂缝（TDC）。压应变主要是指路基顶面压应变，控制压应变的主要目的是控制车辙，依据安定理论的概念，控制住传到路基顶面的应力水平，使它产生的累积永久变形可以最终达到平衡状态，使上面的路面结构不会产生由于路基的过量永久变形而引起的损坏。控制沥青层层底的拉应变的主要目的是控制沥青路面由下而上的疲劳开裂，沥青层层底拉应变作为沥青路面的设计指标与长寿命路面设计理念提出的拉应变极限指标相一致。长期以来一直认为，材料在低应变水平下的疲劳行为并不遵循常规应变水平下的规律。

传统疲劳分析是依据在 20℃、10Hz 的半正弦荷载及常应变下的 AASHTO 试验程序采集到的数据进行的，把初始模量降至 50% 时的循环加载次数定义为破坏荷载次数 N_f，用这个破坏值与开始 50 次循环加载期间测试到的拉应变绘图得出疲劳曲线的数据值。按照材料情况，在 1 000 至 250με 的不同应变水平下进行重复加载试验，得出一个完整的传统疲劳曲线。图 3-5 所示的是代表传统试验方法的应变水平，所表现的疲劳方程式（3-23）是从这些数据中发展而来的[85]。

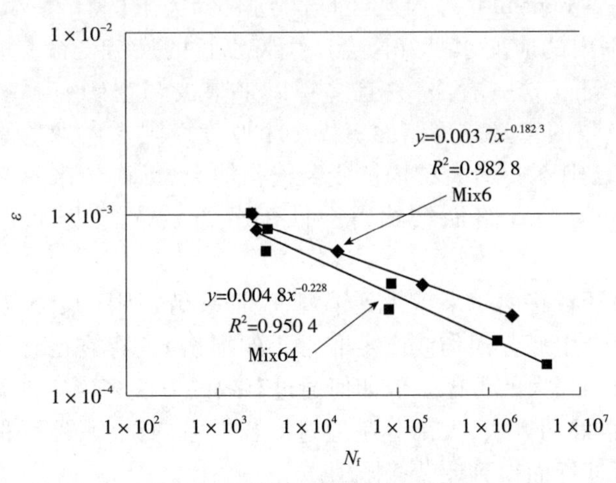

图 3-5　两种混合料的传统疲劳曲线

疲劳裂缝是目前沥青路面设计的一项主要破坏标准，许多研究人员对此进行了广泛的研究。传统方法是用沥青层层底的拉应变来预测疲劳寿命，式（3-23）已经作为一种基本的柔性路面设计模式而被广泛地使用。

$$N_f = K_1\left(\frac{1}{\varepsilon}\right)^{K_2} \tag{3-23}$$

式中：N_f——疲劳寿命；

ε——试件的拉应变；

K_1、K_2——疲劳系数。

然而，这种模式反映的疲劳寿命和弯拉应变关系不是唯一的，疲劳系数 K_1、K_2 随材料性能、加载间隙时间而变化。这样，对于长寿命沥青路面的一个重要力学参数，低应变行为的评价就不太可能。许多试验表明[86]：正常应变水平下的拉应变与疲劳寿命线性关系在低应变条件下反映不出来；在低于这个应变条件下存在一个极限，即沥青混合料具有无限长的疲劳寿命，沥青混合料在疲劳极限下存在特别长的疲劳寿命趋势。当路面结构拉应变低于此值时，沥青层层底就不会产生疲劳损伤，即应力值或应变值与可承受的荷载作用次数关系是一条水平渐近线。目前普遍认为沥青层层底的弯拉应变临界值为 70με 或 100με（改性沥青）。

沥青混合料疲劳极限存在的设想已经有一个相当长的时间，疲劳极限概念最早是由 Wohler 针对金属材料的疲劳问题提出来的，在经典的 Wohler 曲线中，清楚地表明了在疲劳极限时，材料具有无限的疲劳寿命。尽管这种“极限”在金属材料和其他材料领域开展了广泛地研究，但对沥青混合料这样一种黏弹性材料研究的却很少。过去，Monismith 等人已经推测到疲劳极限的存在，其得到的数据表明，在 70με 范围内的应变水平好像会产生特别长的疲劳寿命[87]。然而，没有足够的实验数据来证实这一看法，并且多年以来未被调查研究。鉴于工程施工所用材料的疲劳极限的意义是为路面提供一个厚度极限。增加的厚度如果超出疲劳极限确定的值，则不会增大结构抗疲劳损伤能力，反而带来不必要的浪费。疲劳极限的存在将为沥青路面结构寿命匹配分析及优化设计提供一定的理论依据。

随着长寿命沥青路面越来越受到重视，验证疲劳极限（某个应变值，在低于这个值情况下不会产生疲劳损伤或产生非常小的损伤）的存在已经成为长寿命沥青路面设计中一个相当大的考虑。但如何通过有效的方法来确定沥青混合料疲劳极限，目前还没有很好的方法，大部分是通过漫长的室内试验，然后根据模量衰变规律用外延法进行外推而得到疲劳极限值。

3.4.1 沥青混合料疲劳极限试验确定方法分析

2002 年美国沥青路面协会（AI）用四分点梁式疲劳试验比较了不同应变水平

下小梁试件的疲劳寿命[86]。试验采用 Superpave-19 沥青混合料,沥青采用 PG64-22。试件在最佳沥青含量下成型,空隙率为 7%。按应变控制模式进行疲劳试验;选用 5 个应变水平进行比较:70με、100με、200με、400με 及 800με,试验温度为 20℃;试验终止条件为劲度模量降低 50% 或加载次数达到 400 万次。该试验表明,随着应变水平的降低,小梁试件的疲劳寿命不断增大;当应变水平降低到 70με 时,劲度模量和加载次数接近一条水平渐近线,这意味着低应变水平下小梁试件疲劳寿命无限大。其在经过长时间试验后没有得到混合料在应变水平低于 70με 时真正的重复加载次数,只是得到了一条水平渐近线。

2003 年,伊利诺斯州大学的 Samuel H. Carpenter 和 Khalid A. Ghuzlan 等[88]在应变水平低至 70με 时,重复加载 500 至 4 800 万次疲劳试验,得到了沥青混合料疲劳数据;并用传统的方式和耗散能方法来分析疲劳试验结果,即定义一个耗散能变化率,如式(3-24)所示,并通过耗散能变化率平稳值与疲劳寿命的对应关系来研究疲劳极限的存在,希望缩短确定疲劳极限的试验时间。研究结果表明,室内试验能证实疲劳极限范围介于 90 至 70με;低于这个值,混合料的疲劳寿命相比正常的设计明显延长。但其仍然需要很长的室内时间,既费时又费力,并且需要大量的混合料疲劳试验数据来分析。

$$\mathrm{REDC}=\frac{(\mathrm{DE}_{n+1}-\mathrm{DE}_n)}{\mathrm{DE}_n} \tag{3-24}$$

式中:REDC——耗散能变化率;

DE_n——n 次循环加载产生的耗散能;

DE_{n+1}——$n+1$ 次循环加载产生的耗散能。

我国长安大学、东南大学和山东交通科学研究所等也开展过沥青混合料疲劳极限试验研究,但都没有通过试验得到最终的试验数据;均是经过漫长的室内试验后,再利用外推法来得到沥青混合料的疲劳极限,存在一定的局限性,且需要耗费大量的人力、物力和时间。

为了确定沥青混合料的疲劳极限,节省试验时间和费用,为长寿命沥青路面结构设计提供一定的理论依据,本节采用连续损伤理论的弹性—黏弹性对应原理来确定沥青混合料的疲劳极限,并得到了满意的结果。

3.4.2　基于连续损伤理论的沥青混合料疲劳极限确定方法

材料的疲劳极限是指在某一应变水平下或低于某一应变水平时材料不会出现疲劳损伤积聚。从前面的论述可知,对于沥青混合料疲劳极限的存在,国内外已经进行了一些研究,一些研究人员提出了各种的现象学关系,他们把疲劳破坏时的荷载重复作用次数表示为不同参数的函数,其中一个控制参数是路面底部的拉应变。美国 AASHTO 2002 指南是在不同应变水平下对梁式试件进行重复加载疲劳试验来确定疲劳极限;Monismith 和 McLean 确定的应变与循环加载间的对数关系表明,在应变为 70$\mu\varepsilon$ 时达到疲劳破坏的荷载重复作用次数大约为 500 万次[89];Maupin 和 Freeman 也得到了同样的结果[90]。由于要对试件进行长时间的疲劳试验才能达到破坏状态,所以这些研究和上述提到的疲劳极限确定方法很难得到确切的数据,绝大部分是通过试验数据外推得来的,如美国国家沥青技术中心(NCAT)采用梁式疲劳试验来确定不同混合料的疲劳极限,为了减少试验时间,对试件进行1 000万次重复加载试验,然后通过用对数函数和威布尔(Weibull)分布函数来对该数据进行推断,从而预估疲劳极限[91],具有一定的局限性。

上述介绍的伊利诺斯州(Illinois)大学研究人员用外延法原理从有限的重复作用次数进行推断,他们主要是通过把疲劳寿命当作耗散能变化率平稳值的函数来实现的。耗散能是指材料在每个循环作用周期所消耗能量的总量,它可以通过计算应力—应变循环区的面积得到。Carpenter 和 Guzlan 的研究表明,从高应变水平到低应变水平外推的平稳值表明在应变值低于 70$\mu\varepsilon$ 时存在疲劳极限。Shen 和 Carpenter 的进一步研究说明,可以用 50 万次重复加载得到的平稳值代替长时间的重复加载来预测疲劳极限。

尽管现象学法和耗散能方法实施起来比较简单,但从上述讨论中很明显知道,要得到疲劳寿命与重复加载间的某种关系需要在不同应变水平下进行一系列的试验。做这样的试验需要很长时间,因此,在实验室按常规的试验程序难以实现。在本项研究中,采用了一种基于连续损伤理论的弹性—黏弹性对应原理的新的试验方法。在循环荷载作用下,沥青混凝土显示迟滞应力—应变循环形式,这种循环形式是由于损伤扩展的综合作用和黏弹性的影响[92]。因此,这种黏弹性的影响必须和损伤扩展分开,从而可以分开来研究损伤扩展。Schapery 提出了采用弹性—黏弹性对应原理的伪应变概念[93],Kim 等人应用伪应变概念把黏弹性影响和损伤扩展分开[94]。在随后的研究中用这种方法和损伤演化规律一起来制定循环荷载作用下沥青混合料的本构方程。这个方法被成功地用于预测沥青混凝土在不同荷载条件下的损伤扩展,比如在不同频率和应变水平下的静载和循环荷载。在这些研究里已经表明,如果伪应变与应力循环互相重叠,那么损伤就微不足道。而这两个变量间环线的形成是损伤扩展的象征,这就意味着如果在由低到高的不同应变水平下进行疲劳试验,那么在环线开始形成时的应变水平应该是无损伤产生时的特殊应变水平,即材料的耐力水平。在本项研究中采用了这种方法来确定沥青混合料的疲劳极限。

用连续损伤理论的弹性—黏弹性对应原理来确定沥青混合料的疲劳极限，主要包括：

(1)进行试验以确定线性黏弹性材料特性，如动态模量和相位角，并获得各自的主曲线。

(2)依据动态模量和相位角主曲线，用近似数值方法确定松弛模量主曲线。

(3)进行增幅疲劳试验直到破坏，并通过应用伪应变概念和用弹性—黏弹性对应原理确定疲劳极限。

1)连续损伤理论的弹性—黏弹性对应原理方法

应力应变交绘图表明滞后回线甚至在加载时也不会诱发损伤，这是由于沥青混凝土的黏弹性性质。因此，黏弹性所带来的时间依赖性必须和损伤扩展分开(如果有的话)。在目前的工作中，沥青混合料的时间依赖性通过应用 Schapery 提出的伪应变概念得到消除。通过应用伪应变代替物理应变，黏弹性问题可以转换为一个等效的弹性问题。伪应变定义式为：

$$\varepsilon_R(t) = \frac{1}{E_R}\int_0^t E(t-\tau)\frac{d\varepsilon}{d\tau}d\tau \tag{3-25}$$

式中：E_R——参考模量(作为整体)；

$E(t)$——松弛模量；

τ——时间积分变量；

ε——物理应变。

忽略了损伤时的应变水平，伪应变等于应力，并且应力—伪应变关系是线性的，它的斜率是参考模量。图3-6所示的是由动态模量试验得到的应力和应变数

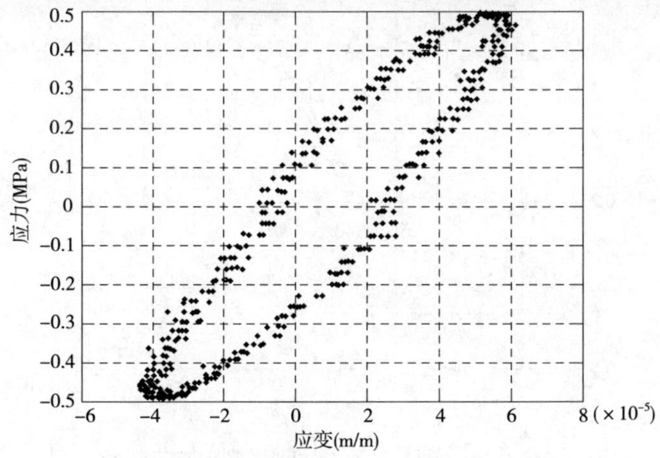

图3-6　在不计损伤时的应力—应变黏弹性行为图

据而绘成的滞后回线。在动态模量试验时采用的荷载水平是足够低的,以至于不会诱发损伤,所以滞后回线纯粹是由于材料的黏弹性响应。而绘应力—伪应变图时就不会出现滞后回线,如图 3-7 所示。随着应变水平的增大,试件就会出现损伤,这将引起利用式(3-25)计算的伪应变不同于从试验观测到的应力,这就导致应力—伪应变图不再消失而形成一个环线。因此,材料损伤扩展的特点是应力和伪应变之间的滞后回线。图 3-8 显示的是三种应变水平,60με 应变水平没有诱发试件的损伤,而 150με 的应变水平却出现了损伤。

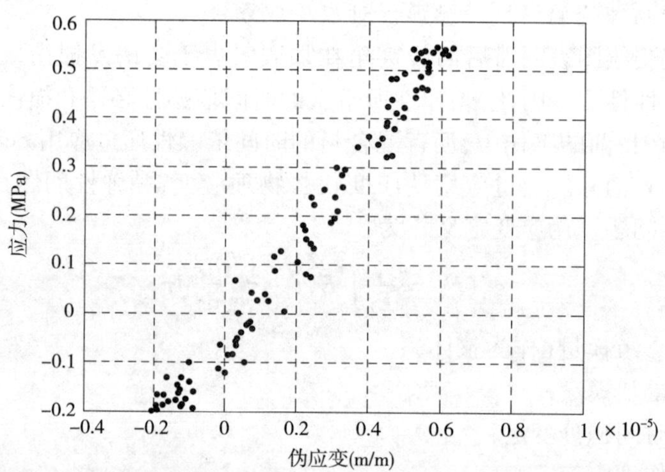

图 3-7　不计损伤时的应力—伪应变图

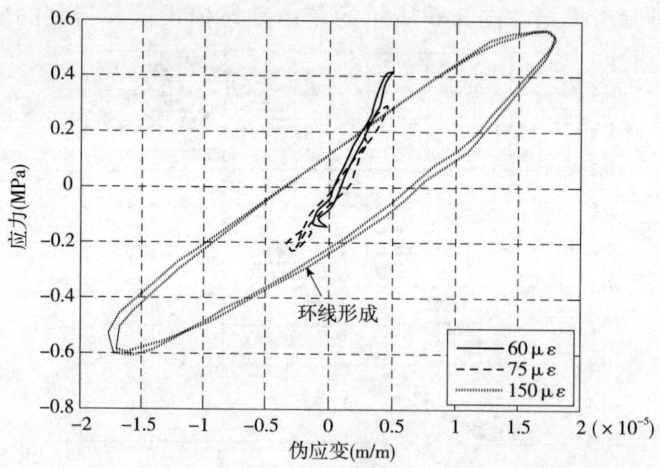

图 3-8　PG76-22 混合料在应变水平增大时的应力—伪应变图

本项研究应用应力—伪应变图中滞后回线的发展变化作为损伤扩展的标示，耐久极限是在最低应变水平下环线开始形成时得到的。用一系列半正弦荷载脉冲在单轴模式下对试件进行试验，每块在十字形恒应变下包括 1 万次重复作用次数，其应变幅度要比前述的大。选定这个循环次数是为了确保试件已达到稳态响应。起初，应用一个相对低的应变幅度（认为是低于耐久极限的），通常认为这是接近动态模量试验时相同的应变幅度。后来加载模块的加载幅度比前述的要大，这个过程一直持续到试件破坏。

2）材料和试验方法

沥青混合料级配采用 AC-25，采用 SBS 改性沥青 PG67-22 和基质沥青 PG76-22 两种沥青结合料。两种沥青混合料的最佳沥青用量（opt）均为 4.5%，均采用最佳沥青用量，并在最佳用量基础上加 0.07%（即 5.2%，以下称为“opt +”）下进行试验。

所有试件均用 Superpave 旋转压实仪成型制作，切割并制成直径为 75mm、高为 150mm 的芯样试件。最佳用量和“opt +”试件的目标空隙率分别为(7 ±0.5)%、(3.3 ±0.5)%。用贴模里的塑料环氧胶把钢板黏接在单轴试件两端使试件垂直，用一个 100mm 的标距长度把四个 LVDT 传感器沿着试件圆周分别间隔 90°附着在试件的表面。采用的设备是美国 MTS Systems Corporation 生产的 MTS 810 系列伺服液压材料试验机，其可用于动态模量和疲劳试验的单轴试验装置，如图 3-9所示。

图 3-9　安装传感器的单轴试验装置

整个沥青混合料试件的试验包括两个阶段，第一阶段为确定黏弹性材料性能，第二阶段为随着应变水平的增加对试件进行疲劳试验。

3）线性黏弹性试验

（1）动态模量和相位角主曲线

每种混合料的单轴复合模量试验至少要做三个试件，这个实验在五种不同的温度（ -10℃、0℃、10℃、20℃及 30℃）和八个不同的频率（0.1Hz、0.2Hz、0.5Hz、1Hz、2Hz、5Hz、10Hz 及 20Hz）下进行。根据应力和 LVDT 传感器测得的应变计算每个温度和频率下的动态模量和相位角值。在 20℃参考温度下，通过替换单个试件的主曲线来构建每个试件的动态模量主曲线。图 3-10 所示的是三种混合料的动态模量主曲线,接着用由动态模量主曲线确定的替换因子来构建每种混合料的相位角主曲线。

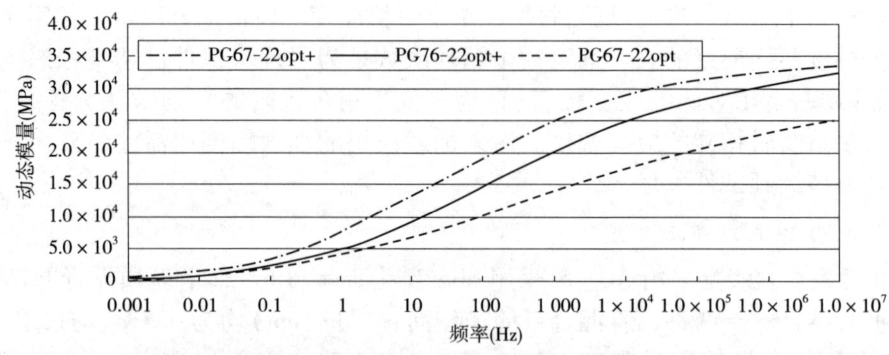

图 3-10 三种混合料的动态模量主曲线

(2)松弛模量主曲线

计算伪应变需要混合料的松弛模量 $E(t)$,松弛模量很难直接从实验室里测试到,因此,要用线性黏弹性原理依据动态模量主曲线来确定,松弛模量按 Prony 级数表示为:

$$E(t) = E_{\infty} + \sum_{k} E_{k} e^{\left(-\frac{t}{\rho_k}\right)} \tag{3-26}$$

式中:E_{∞}——当 $t\to\infty$ 时 $E(t)$ 的值;

E_k——Prony 级数系数;

ρ_k——松弛时间。

为了从动态模量中得到松弛模量的 Prony 级数表达式,首先要用下式确定储存模量主曲线:

$$E'(\omega_j) = |E^*(\omega_j)|\cos[\phi(\omega_j)] \tag{3-27}$$

式中:$|E^*(\omega_j)|$——储存模量;

ϕ——相位角;

ω_j——下降频率(rad/s)。

储存模量在特殊频率 ω_j 下使用广义麦克斯韦并列元素也可以表达成下式:

$$E'(\omega_j) = E_{\infty} + \sum_{k=1}^{N} \frac{E_k \omega_j^2 \rho_k^2}{1 + \omega_j^2 \rho_k^2} \tag{3-28}$$

一旦从储存模量中得到了松弛模量,就可以通过以下步骤获取式(3-26)中的 Prony 级数系数。

首先式(3-28)重新按以下矩阵的形式表示:

$$\left.\begin{aligned} &\{A\} = [B]\{C\} \\ &A_j = E'(\omega_j) - E_\infty \\ &B_{jk} = \frac{\omega_j^2 \rho_k^2}{1 + \omega_j^2 \rho_k^2} \\ &C_k = E_k \quad (j = 1,2,\cdots,N; k = 1,2,\cdots,N) \end{aligned}\right\} \tag{3-29}$$

式中：ρ_k——松弛时间，沿时间轴选择为 10 年的间隔；

N——使用的数据点的数目。

然后，用 MATLAB 软件优化工具箱来获取以下约束条件下 E_k 的解决方案。

$$\{\boldsymbol{C}\} \geqslant 0 \quad E_0 = E_\infty + \sum_k E_k \tag{3-30}$$

式中：E_0——$t = 0$ 时的松弛模量。

两种混合料松弛模量的 Prony 级数表示方式如图 3-11 所示。

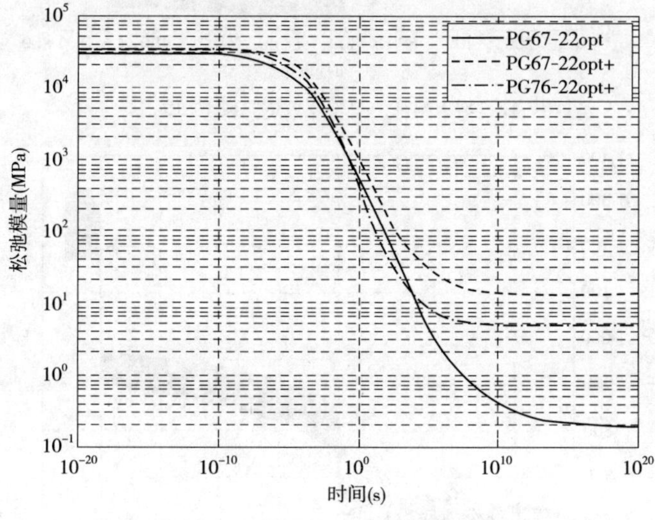

图 3-11　混合料的松弛模量曲线

4）应变幅度加大的疲劳试验

在单轴试件上用正弦波荷载进行加载。起初，采用相对低的应变幅度（认为是低于疲劳极限的），一般采用接近动态模量测试时的应变幅度。在这个幅度下大约用 1 万次重复加载来使试样达到稳态响应，接着，加大应变幅度并应用 1 万次以上的循环加载。加载间的时间间隔大约为 5～10s，这正是从一个加载水平变化到下一个加载水平所需的时间，利用这个方法一直持续到试件破坏。图 3-12 和图 3-13 分别所示的是在一个应变幅度增大的疲劳试验期间记录的典型荷载及应变历史。

值得注意的是,对于这个项目,当用试件上的 LVDT 传感器测量数据来做应变分析时,必须使十字头位移受到控制。

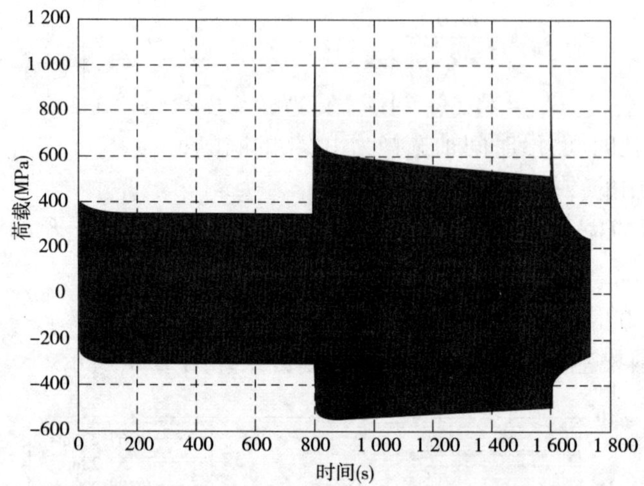

图 3-12　增大幅度的单轴疲劳试验典型加载历史

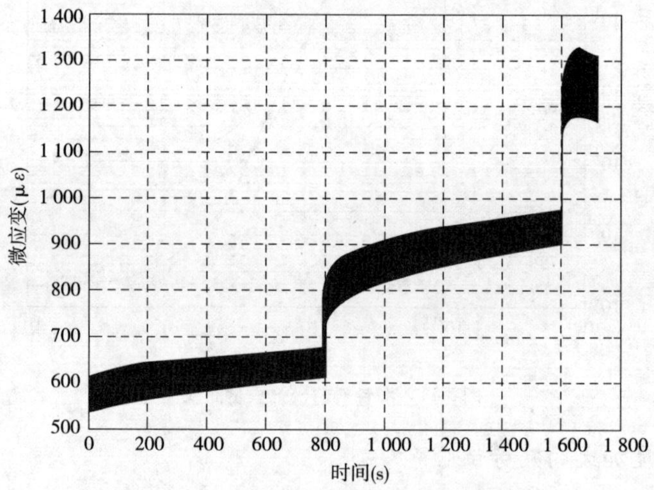

图 3-13　增大幅度的单轴疲劳试验典型应变历史

5)伪应变计算

伪应变是通过数值求解直到破坏时的整个应变范围,用时间增量 Δt 将应变历史分成 N 个小段,并且将式(3-26)用式(3-25)取代,结果形成了以下数值积分方案:

$$\varepsilon_{\mathrm{R}}(t)=\sum_{j=1}^{N+1} c_i E(u)\Big|_{t-t_j}^{t-t_{j-1}} \qquad (t_0=0, t_{N+1}=t) \tag{3-31}$$

$$E(u) = E_{\infty}u - \sum_j E_j\rho_j e^{\left(-\frac{u}{\rho_j}\right)} \tag{3-32}$$

式中：c_i——两个所给定时间 t_i 和 t_{i+1} 间应变的斜率；

u——代表时间的积分虚拟变量。

需要注意的是，在低应变水平下，当损伤忽略不计时，伪应变与应力一致并且有一个应力—应变关系，应力—伪应变曲线的斜率等于参考模量。然而，当损伤开始扩展时，所计算的伪应变值与所使用的应力值不一致，并且这种差别主要是由损伤扩展所致。尽管应用了控制十字头应变，在试验中测到的响应是从试件上 LVDT 传感器测到的实际材料响应获得的，实际材料响应表明了永久应变的累积。在分析中通过伪应变的计算考虑了永久应变的影响，伪应变是在总应变基础上计算的，包括永久应变。在不同周期下，从试验中获取的应变值可通过式(3-31)和式(3-32)转换成伪应变值。

对增大应变幅度的疲劳试验进行分析，包括伪应变计算及绘制不同应变幅度下的应力—伪应变图，从而确定环线开始形成时的应变水平。应力—伪应变图中环线的出现意味着试件出现损伤。

图 3-14 所示的是采用 PG67-22“opt +”沥青结合料拌制的试件应力—伪应变图。显然，这种混合料在低应变幅度时不存在环线，环线似乎恰好在中低应变幅度下形成，且在最高应变下环线确实明显。从图中可知，这个试件的疲劳极限是在 110με 左右。

从图 3-14 中可以看到改性沥青 PG67-22“opt +”的疲劳极限大约在 130με 处，而对于未经改性的沥青在最佳沥青用量情况下的疲劳极限(图 3-8)大约为 75με。

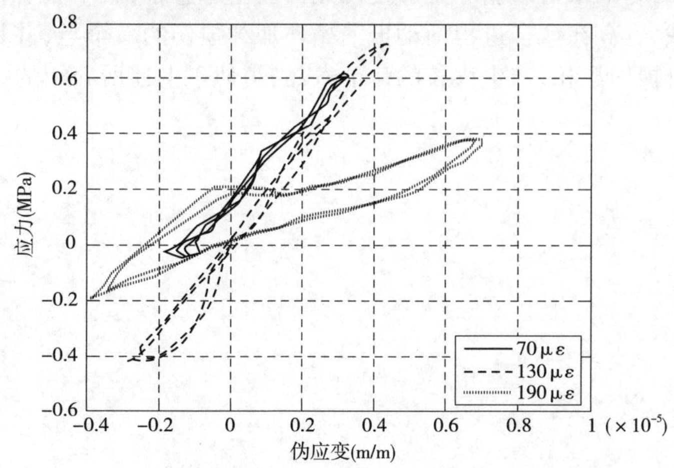

图 3-14　PG67-22“opt +”在不同应变水平下的应力—伪应变图

本项研究表明,尽管需要继续做一些研究来改进方法,但应变幅度增大的疲劳试验是替代传统梁式疲劳试验的一个很好方法。虽然疲劳极限的存在对沥青路面设计有着严重的影响,但仍然需要一个具有足够疲劳性能、可靠的沥青混合料来进行生产设计。

3.4.3 疲劳极限存在的机理

我们知道,在传统的应变—疲劳寿命关系中,仅考虑了荷载的影响,而忽视了愈合恢复的弥补影响。在常应变—损伤水平下,这种恢复弥补与损伤相比是小的。然而,在低应变—损伤水平下,这种恢复愈合的影响是非常显著的,也是不可忽视的。在低应变水平下,每次循环加载带来的损伤数,与正常应变水平试验相比,毫无疑问存在明显地减少。该数据证实了一个逐渐走向疲劳极限的趋势,而不是一个截然不同的拐点。愈合的认可及由此而产生的混合料性能变化可以用来解释这个观测到的非线性,从而相信疲劳极限存在的合理性。

愈合可以认为是能量返回到沥青混合料中的一个连续过程,同时增加混合料的承载能力及有效修复部分前荷载造成的损伤。当在重复加载之间设定了"休息期"时,愈合就变得非常明显,并且在"休息期"后的模量增长过程中可以看到愈合。实际上,这种修复过程是连续的,并且在一定程度上会发生在循环加载期内。在高应变水平下,相对于损伤能量,愈合能量数量相对较少;但是,在低应变水平下,损伤能量较少,并且通过愈合过程可以使能量回到混合料中。由于沥青和集料的结合产生了一定量的愈合潜力,因此,就会存在一个损伤能量恰好等于愈合能量的应变水平,同时如果荷载循环足够慢及允许发生总愈合,就不会有损伤累积。即使是连续加载,也存在愈合过程活动抵消循环加载损伤的一个点,并且在混合料中很少或者没有损伤累积,产生很长的疲劳寿命,类似于上述所介绍的疲劳极限。

第4章　长寿命沥青路面结构响应及损伤分析

近些年来,我国高速公路沥青路面服务能力正在以惊人的速度下降。除了路面结构设计不合理因素外,重载交通是导致路面迅速恶化的一个主要原因,这主要是由于车辆轴载的增加、高轮胎内压、轮胎—路面接触应力及悬挂系统的缘故。在轮胎—路面接触区域,车辆轮胎产生较高的不均匀接触应力和纵横向表面切向应力。最近研究表明[95],表面切向接触应力高度影响路表面附近的路面响应,并且这些响应随深度增加而减小。三维接触应力导致路表面附近的应力状态较为复杂,这增加了路面损伤的可能性,包括Top-Down裂缝、"临近表面"裂缝及沥青混合料车辙[96]。

对于路面损伤分析,早期的研究广泛采用传统的弹性层状体系理论来预测不同轮胎类型引起的路面响应,路面响应通常在弹性层静载条件、圆形作用面积、均匀荷载分布及线性材料特征基础上用静载方法来计算。为了解决传统方式的弊端,近来,有限元方法已广泛地用于路面工程中,它可以用来全面灵活地分析、精确模拟许多工程实际问题。有限元方法可以成功地用来分析诸如非均匀接触应力分布、线性或非线性黏弹性材料行为、移动荷载、无限基础和动态分析。如果所有这些因素能成功地纳入一个数值模型,那么所开发的有限元模型就可能会扩大到不需要现场试验的不同场景,然后用数值结果来定义路面损伤潜力。车辆荷载一般当作为静态模式,而实际中,路面会受到移动轮载的作用,其加载随时间而变。路面结构的动态响应依赖于外部加载频率与结构固有频率之比。柔性路面固有频率范围为6~12Hz[97]。Gillespie等人发现,车辆以58km/h的速度行驶时,其加载频率大约为4.6Hz;以82km/h的速度行驶时,则其加载频率大约为6.5Hz[98]。因此,对一些加载条件进行动态分析非常重要。

Cebon认为[99]:轮载的动态部分可能会使疲劳损伤增加4倍、车辙损伤至少增加40%。即使平整路面,在动态荷载作用下,路面响应也会增加10%~15%。Yoo和Al-Qadi的报告说[100]:由动态分析得到的路面响应通常比准静态分析要高,尤其是在速度较高和温度较低的情况下。在这些条件下,加载频率及路面固有频率接近于共振状态。因此,为了使沥青路面结构满足长寿命路面要求,给沥青路面结构组合提供一些依据,本书考虑了动态荷载对路面响应的影响,利用瞬态轮载的隐式—动态分析理论,同时结合模拟准确的轮胎—路面相互作用和适当的路面材料特征的有限元分析方法来进行路面响应预测,探讨了其沿不同深度时的受力特性和应力应变变化规律;在此基础上,分析了长寿命沥青路面的主要破坏损伤机理。同时利用莫尔—库仑理论进一步分析了长寿命沥青路面临近表面的损伤行为,从而为长寿命沥青路面结构设计和施工奠定了一定的理论基础。

4.1 材料特征

由于沥青混合料被认为是一种线性黏弹性材料,因此在时间相关的蠕变柔量和松弛模量之间存在一种关系。实际上可用一种近似方法来模拟蠕变柔量和松弛模量,即采用幂次法则分析形式[式(4-1)],因为室内确定的蠕变柔量不能通过幂函数精确表达[101]。在这种情况下,幂次模型的斜率可用式(4-2)来确定。

$$E(t)D(t)=\frac{\sin n\pi}{n\pi} \tag{4-1}$$

$$n=\left|\frac{\mathrm{dlg}D(t)}{\mathrm{dlg}t}\right| \tag{4-2}$$

式中:$E(t)$——松弛模量,$E(t)=E_1t^{-n}$;

$D(t)$——蠕变柔量,$D(t)=D_1t^{n}$。

对不同沥青混合料类型进行蠕变试验,利用所测得的变形和 AASHTO T322 一起计算蠕变柔量[$D(t)$]。松弛模量通过蠕变柔量数据用式(4-1)和式(4-2)来计算。通过假定固定泊松比及把数据拟合成一个广义麦克斯韦(Maxwell)固体线黏弹性模型的 Prony 级数(表 4-1)来计算体积松弛模量(K)和剪切松弛模量(G)。

广义麦克斯韦模型的 Prony 级数 表 4-1

i	温度为5℃			温度为25℃			温度为40℃		
	G_i	K_i	τ_i	G_i	K_i	τ_i	G_i	K_i	τ_i
1	0.722 65	0.722 65	1.00	0.774 65	0.774 71	1.00×10^{-2}	0.640 82	0.641 07	1.00×10^{-4}
2	0.210 45	0.210 45	10.0	0.164 98	0.164 93	1.00×10^{-1}	0.275 54	0.275 66	1.00×10^{-3}
3	0.046 09	0.046 10	1.00×10^{2}	0.039 79	0.039 75	1.00	0.041 44	0.041 48	1.00×10^{-2}
4	0.014 85	0.014 85	1.00×10^{3}	0.013 83	0.013 82	10.0	0.016 54	0.016 54	1.00×10^{-1}
5	0.003 54	0.003 54	1.00×10^{4}	0.002 74	0.002 73	1.00×10^{2}	0.013 04	0.013 07	1.00
6	0.000 78	0.000 78	1.00×10^{5}	0.001 71	0.001 71	1.00×10^{3}	0.011 28	0.011 28	10.0

续上表

i	温度为5℃			温度为25℃			温度为40℃		
	G_i	K_i	τ_i	G_i	K_i	τ_i	G_i	K_i	τ_i
7	0.000 98	0.000 98	1.00×10^6	0.002 04	0.002 04	1.00×10^4	0.000 17	0.000 16	1.00×10^2
8	0.000 58	0.000 58	1.00×10^7	0.000 02	0.000 02	1.00×10^5	—	—	—
9	0.000 02	0.000 02	1.00×10^8	0.000 01	0.000 01	1.00×10^6	—	—	—

注：G_i为无量纲剪切松弛模量；K_i为无量纲体积松弛模量；τ_i为松弛时间。

材料泊松比，又称为横向变形系数，在材料力学中可定义为：试件在不超过材料比例极限时，由均匀分布的纵向应力所引起的横向线应变ε'与相应的纵向线应变ε之比的绝对值[102]，理论上各向同性的线弹性材料的泊松比在0.0～0.5之间。作为材料的基本力学参数之一，以及反映材料弹性变形特性的重要参数，泊松比的合理测量方法和取值范围是任何材料研究中不可或缺的部分。在路面结构设计力学计算中，与各层材料的模量一样，泊松比也是一个非常重要的设计参数[103-105]。美国最新版的基于力学经验法的AASHTO 2002设计指南中，泊松比也是结构层材料必须输入的一个重要参数。国内外的研究表明，泊松比的变化对路面结构应力应变响应的影响非常显著，材料泊松比的取值将直接影响到沥青路面结构力学分析和计算的结果。各种沥青混合料的动态模量和泊松比的取值如表4-2所示。

路面层材料的回弹模量及泊松比　　表4-2

混合料类型	温度为5℃		温度为25℃		温度为40℃	
	回弹模量（MPa）	泊松比	回弹模量（MPa）	泊松比	回弹模量（MPa）	泊松比
细粒式沥青混凝土	9 150	0.22	4 730	0.33	1 905	0.36
中粒式沥青混凝土	8 930	0.23	4 750	0.30	1 790	0.35
粗粒式沥青混凝土	8 450	0.22	4 610	0.30	1 720	0.35
沥青碎石	4 830	0.22	2 415	0.30	965	0.35
水泥稳定碎石基层	11 000	0.25	11 000	0.25	11 000	0.25
级配碎石底基层	350	0.35	350	0.35	350	0.35
土基	250	0.40	250	0.40	250	0.40

4.2　隐式—动态分析原理

应用于路面系统的移动车轮荷载是静载的总和，也是一个连续变化的动荷载。由于车辆对路面纵向不平整的响应，动荷载会导致局部总荷载的增加。道路纵断面、车速、车重及车辆悬挂系统是影响总荷载动态部分的主要因素。在本项研究的三维有限元模型中,考虑到了在平整路面上测得的三维轮胎—路面接触应力,因此,动荷载将通过轮胎—路面接触面积内连续变化的荷载幅值得到简化。

本节用 ABAQUS 软件来进行动态分析,ABAQUS 为动态分析提供了考虑质量惯性力的一些方法,根据问题的性质,可以调用解决有关位移平衡方程的不同积分方案,无论是隐式还是显式直接积分[106]。

直接积分指的是在一个时间区域内用时间步长积分计算位移。在实际应用中,计算的稳定性和计算的有效性是隐式与显式方法间重要的区别。为了作出合适的选择,需要把问题列为一个波传播类型或结构动态问题。在路面分析中,动态加载的瞬态上升时间(加载时间)依赖于车速,如本项研究中的 8km/h(在行车方向 0.009s/20mm 单元长度)和 105km/h(在行车方向 0.000 6s/20mm 单元长度),大大超过了通过柔性路面结构应力波的时间(100 ~ 600m/s)(OECD 1992)。因此,该问题可以归结为一个结构动态问题。

无论是隐式还是显式,其解决方法大大依赖于有限元的离散过程。两个方法假定刚度、质量和阻尼矩阵的可用性,动态分析采用与静态和准静态分析相同的刚度矩阵,还需要质量和阻尼矩阵,运动方程可通过外部荷载作用产生的位移等于惯性力、阻尼及内力作用的总和推导出来[92,107-108]。ABAQUS 提供的直接积分过程采用隐式、Hilber-Hughes-Taylor 算子(α)对运动方程进行积分;而显式直接积分采用中间差分算子[109-110]。

动态平衡公式用以下矩阵形式来表示:

$$\int_{\Omega}\{\delta u\}^{\mathrm{T}}\{F\}\,\mathrm{d}\Omega+\int_{s}\{\delta u\}^{\mathrm{T}}\{T\}\,\mathrm{d}S+\sum_{i=1}^{n}\{\delta u\}_{i}^{\mathrm{T}}\{p\}_{i}$$

$$=\int_{\Omega}\{\delta u\}^{\mathrm{T}}\rho\{\dot{u}\}\,\mathrm{d}\Omega+\int_{\Omega}\{\delta u\}^{\mathrm{T}}c\{\dot{u}\}\,\mathrm{d}\Omega+\int_{\Omega}\{\delta\varepsilon\}^{\mathrm{T}}\{\sigma\}\,\mathrm{d}\Omega \tag{4-3}$$

式中:$\{p\}_i$——集中荷载;

$\{\delta u\}_i$——相应的位移矢量;

$\{F\}$——代表体受力矢量;

$\{T\}$——表面牵引力矢量;

$\{\delta\varepsilon\}$——矩阵形式中的应变张量;

$\{\sigma\}$——矩阵形式中的应力张量;

ρ——质量密度;

c——阻尼参数。

可以按照下式把平衡公式离散成有限元:

$$\int_{\Omega}\{N\}^{\mathrm{T}}\{F\}\mathrm{d}\Omega+\int_{s}\{N\}^{\mathrm{T}}\{T\}\mathrm{d}S+\sum_{i=1}^{n}\{p\}_{i}-\int_{\Omega}\rho\{N\}^{\mathrm{T}}\{N\}\mathrm{d}\Omega\{\ddot{d}\}$$
$$-\int_{\Omega}c\{N\}^{\mathrm{T}}\{N\}\mathrm{d}\Omega\{\dot{d}\}-\int_{\Omega}\{B\}^{\mathrm{T}}\{\sigma\}\mathrm{d}\Omega=0 \tag{4-4}$$

式中：$\{N\}$——插值函数；

$\{\dot{d}\}$——节点速度矢量；

$\{\ddot{d}\}$——节点加速度矢量；

$\{B\}$——插值函数的一阶导数。

式(4-4)可以写成式(4-5)所示宏观空间运动方程：

$$[M]\{\ddot{D}\}_n+[C]\{\dot{D}\}_n+[K]\{D\}_n=\{R^{\mathrm{ext}}\}_n \tag{4-5}$$

式中：$[M]$——质量矩阵，$[M]=\int\rho[N]^{\mathrm{T}}[N]\mathrm{d}V$；

$[C]$——阻尼矩阵，$[C]=\int c[N]^{\mathrm{T}}[N]\mathrm{d}V$；

$[K]$——刚度矩阵，$[K]=\int[B]^{\mathrm{T}}[D][B]\mathrm{d}V$；

$\{R^{\mathrm{ext}}\}$——外力矢量，$\{R^{\mathrm{ext}}\}=\int_{\Omega}[N]^{\mathrm{T}}\{F\}\mathrm{d}\Omega+\int_{s}[N]^{\mathrm{T}}\{T\}\mathrm{d}S+\sum_{i=1}^{n}\{p\}_{i}$；

$\{D\}$——位移矢量；

$\{\dot{D}\}$——速度矢量；

$\{\ddot{D}\}$——加速度矢量。

运动方程式(4-4)表示外荷载 R^{ext} 处于动态平衡。式(4-4)的解可以通过标准程序得到；不同方程的解可通过一个时间步长的线性化算术形式来得到。然而，静态分析在平衡方程中没有考虑质量惯性和速度，位移可以在任意时间 t 时进行评价且不依赖于位移历史。

对于式(4-5)所示动态平衡方程，可以用位移形式的中间差分方法进行解显式积分的过程。可以通过中间差分算子来形成时间步长时的速度和加速度：

$$\{\dot{D}\}_i=\frac{1}{2\Delta t}(\{D\}_{i+1}-\{D\}_{i-1}) \tag{4-6}$$

$$\{\ddot{D}\}_i=\frac{1}{2\Delta t^2}(\{D\}_{i+1}-2\{D\}_i+\{D\}_{i-1}) \tag{4-7}$$

式中：Δt——时间步长。

时间 $i+1$ 的位移解可以通过用 $n=i$ 把式(4-6)和式(4-7)代入到平衡方程

式(4-5)中来获取,结果如下:

$$\left[\frac{1}{\Delta t^2}[M]+\frac{1}{2\Delta t}[C]\right]\{D\}_{i+1}$$

$$=\{R^{\text{ext}}\}_i-\{R^{\text{int}}\}_i+\frac{2}{\Delta t^2}[M]\{D\}_i-\left[\frac{1}{\Delta t^2}[M]-\frac{1}{2\Delta t}[C]\right]\{D\}_{i-1} \quad (4\text{-}8)$$

式中:$\{R^{\text{int}}\}$——内力矢量,$\{R^{\text{int}}\}_i=[K]\{D\}_i$。

在隐式动态分析中,积分算子矩阵必须转换,并且在每个时间增量处应该解一些非线性平衡方程。在材料刚度矩阵中给出材料应变变化行为,所有单元的材料刚度矩阵组合一起形成宏观刚度矩阵。只要迭代过程在非线性框架内进行收敛(牛顿—拉普逊解),材料刚度矩阵也可偏离确切的材料刚度矩阵。收敛得到后,下一步或增量启动。在这个新增量开始时,所有单元的积分值必须更新。

为了了解隐式积分过程,常规 Newmark 积分方法(平均加速度方法)采用 Newmark 关系的假设:

$$\{\dot{D}\}_{i+1}=\{\dot{D}\}_i+[\delta\{\ddot{D}\}_{i+1}+(1-\delta)\{\ddot{D}\}_i]\Delta t \quad (4\text{-}9)$$

$$\{D\}_{i+1}=\{D\}_i+\{\dot{D}\}_i\Delta t+\left[\left(\frac{1}{2}-\alpha\right)\{\ddot{D}\}_i+\alpha\{\ddot{D}\}_{i+1}\right]\Delta t^2 \quad (4\text{-}10)$$

式中:$\{D\}$——位移矢量;

$\{\dot{D}\}$——速度矢量;

α、δ——恒定—平均—加速度法(CAAM)的参数,其值分别为 1/4、1/2。

通过解式(4-10)得到加速度$\{\ddot{D}\}_{i+1}$,然后把它代入式(4-9),其结果如下:

$$\{\ddot{D}\}_{i+1}=\frac{1}{\alpha\Delta t^2}(\{D\}_{i+1}-\{D\}_i-\{\dot{D}\}_i\Delta t)-\left(\frac{1}{2\alpha}-1\right)\{\ddot{D}\}_i \quad (4\text{-}11)$$

$$\{\dot{D}\}_{i+1}=\frac{\delta}{\alpha\Delta t}(\{D\}_{i+1}-\{D\}_i)-\left(\frac{\delta}{\alpha}-1\right)\{\dot{D}\}_i-\left(\frac{\delta}{2\alpha}-1\right)\{\ddot{D}\}_i\Delta t \quad (4\text{-}12)$$

然而,就材料刚度矩阵来说,它取决于位移,位移是未知数。式(4-5)转化为式(4-13)形式:

$$[M]\{\ddot{D}\}_{i+1}+[C]\{\dot{D}\}_{i+1}+[K_t]_i\{\Delta D\}+\{R^{\text{int}}\}_i=\{R^{\text{ext}}\}_{i+1} \quad (4\text{-}13)$$

式中:$\{\Delta D\}$——位移矢量差,$\{\Delta D\}=\{D\}_{i+1}-\{D\}_i$。

于是,位移解可以通过把式(4-11)和式(4-12)代入式(4-13)得到:

$$[\hat{K}^{\text{eff}}]\{\Delta D\}=\{R^{\text{ext}}\}_{i+1}-\{R^{\text{int}}\}_i+[M]\left[\frac{1}{\alpha\Delta t}\{\dot{D}\}_i+\left(\frac{1}{2\alpha}-1\right)\{\ddot{D}\}_i\right]+$$

$$[C]\left[\left(\frac{\delta}{\alpha}-1\right)\{\dot{D}\}_i+\left(\frac{\delta}{2\alpha}-1\right)\{\ddot{D}\}_i\Delta t\right] \quad (4\text{-}14)$$

式中，$[\hat{K}^{\text{eff}}]=\left[\dfrac{1}{\alpha\Delta t^2}[M]+\dfrac{\delta}{\alpha\Delta t}[C]+[K_t]_i\right]$。

隐式动态方法需要大量计算时间来评价随刚度矩阵而定的时间。需要雅可比张量和迭代积分步骤来满足平衡方程。

Hilber 等人提出的 α-方法可描述成一个广义隐式直接积分，并在 ABAQUS 软件中得以实施[108,111]。为了描述隐式时间—步长算法，解运动方程的 Newmark 隐式时间—步长算法将按式(4-15)实行：

$$Ma_{n+1}^{i+1}+N(d_{n+1}^{i+1})=F_{n+1}^{\text{ext}} \tag{4-15}$$

式中：M——质量；

a_{n+1}^{i+1}——$n+1$ 步的迭代 $i+1$ 时的加速度，$a_{n+1}^{i+1}=a_{n+1}^{i}+\Delta a$；

$N(d_{n+1}^{i+1})$——位移 $d_{n+1}^{i+1}=d_{n+1}^{i}+\Delta d$ 的非线性内力矢量函数；

F_{n+1}^{ext}——外力矢量。

式(4-15)可以用 Newmark 方法的预测或校正公式来修改并变成时间离散的运动方程(这是所谓的 α-方法)，如式(4-16)所示：

$$M\alpha_{n+1}^{i+1}=(1+\alpha)[F_{n+1}^{\text{ext}}-N(d_{n+1}^{i+1})]-\alpha[F_{n}^{\text{ext}}-N(d_n)] \tag{4-16}$$

式(4-16)等同于式(4-17)用阻尼力表示的矩阵形式：

$$\begin{aligned}&[M]\{\ddot{D}\}_{n+1}+(1+\alpha)[C]\{\dot{D}\}_{n+1}-\alpha[C]\{\dot{D}\}_n+(1+\alpha)[K]\{D\}_{n+1}-\alpha[K]\{D\}_n\\&=(1+\alpha)\{F^{\text{ext}}\}_{n+1}-\alpha\{F^{\text{ext}}\}_n\end{aligned} \tag{4-17}$$

于是，式(4-17)所示的线性化方程关于非线性内力矢量函数 $N(d_{n+1}^{i+1})$ 的结果如式(4-18)：

$$[M+(1+\alpha)\beta\Delta t^2]\Delta\alpha=[(1+\alpha)F_{n+1}^{\text{ext}}-\alpha F_{n}^{\text{ext}}]-[(1+\alpha)N(d_{n+1}^{i})-\alpha N(d_i)]-M\alpha_{n+1}^{i} \tag{4-18}$$

其中

$$\left.\begin{aligned}&N(d_{n+1}^{i+1})=N(d_{n+1}^{i})+\left[\frac{\partial N(d_{n+1}^{i})}{\partial d}\right]\Delta d+O(\|\Delta d\|^2)\\&\Delta d=\beta\Delta t^2\Delta a\end{aligned}\right\} \tag{4-19}$$

于是，式(4-18)的解可以针对 Δa 进行。

在本项研究中，用三维有限元模型来模拟重复动态荷载，并分别评价路面内部、表面及层间接触界面处的路面响应。在直接积分方法中，运动方程需要针对时间来进行积分[112-113]。存在惯性和黏性阻尼的单个自由度系统方程可以写成式(4-20)的矩阵形式：

$$[M]\{\ddot{U}\}+[C]\{\dot{U}\}+[K]\{U\}=\{P\} \tag{4-20}$$

式中：$[M]$——质量矩阵；

$[C]$——阻尼矩阵；

$[K]$——刚度矩阵；

$\{P\}$——外力矢量；

$\{\ddot{U}\}$——加速度矢量；

$\{\dot{U}\}$——速度矢量；

$\{U\}$——位移矢量。

4.2.1 关键时间增量

动态分析考虑的基本问题是选择解决动态平衡方程的合适时间增量，以满足稳定性（收敛）和精度要求。对于隐式方法，稳定性是无条件地保持，所以在确定时间增量中，只考虑精度要求。由于在路面结构中，只有最低模式（或少数几个中间模式）受到外部荷载的激发，因此在有限元分析中，没有必要准确地表达实际物理系统的更高频率；动态响应对这些频率的贡献是微不足道的。选择隐式—动态分析时间增量的完整过程如下：

（1）确定明显包含在加载过程中的频率，如果需要，用 Fourier（傅里叶）变换公式分析。使包含在加载过程中的最高频率为 ω_u，它依赖于车速。

（2）隐式积分分析的时间步长 t 应约等于 $\frac{1}{20}T$，这里：$T=2\pi/\omega_{co}$，$\omega_{co}=4\omega_u$。

4.2.2 阻尼比

在直接积分动态分析中，可以确定任意阻尼因子、摩擦系数或黏弹性材料行为间的任一能量耗散规则。在采用沥青混合料层黏弹性材料行为的情况下，没有必要对该层引入额外的结构或质量阻尼规则；然而，有些结构层可能通过弹性材料行为来确定而没有这样的能量消耗源。因此，需要对那些结构层引入一般阻尼规则。

一个符合实验数据且受欢迎的阻尼谱方案是瑞利（Rayleigh）阻尼；把阻尼矩阵 $[C]$ 当作分别与质量和刚度成比例的阻尼组合，如式（4-21）所示。对于多自由度系统，式（4-22）给出了任何频率模式下的临界阻尼比。系数 α_R 及 β_R 可以分别从第 i 和第 j 模式具体的 ξ_i 及 ξ_j 来确定。如果假定两个模式具有相同的阻尼比 ξ，那么瑞利（Rayleigh）系数可以用式（4-23）来计算：

$$[C]=\alpha_R[M]+\beta_R[K] \tag{4-21}$$

$$\xi_i=\frac{\alpha_R}{2\omega_i}+\frac{\beta_R\omega_i}{2} \tag{4-22}$$

$$\alpha_R = \xi \frac{2\omega_i\omega_j}{\omega_i + \omega_j},\ \beta_R = \xi \frac{2}{\omega_i + \omega_j} \tag{4-23}$$

式中：α_R、β_R——瑞利（Rayleigh）阻尼系数；

ξ_i——在频率 ω_i 时的临界阻尼比。

对于路面结构的动荷载，这两个关键性的频率 ω_i 和 ω_j 可以作为结构最低固有频率和最高加载频率。土的临界阻尼比在 2%~5% 范围内，由于把路基当作没有任何其他能量耗散源（比如塑料）的弹性材料，因此采用最大阻尼比 5%。所计算的瑞利（Rayleigh）阻尼系数可以直接输入到 ABAQUS 软件中来形成动力平衡方程的阻尼矩阵。

4.3　路面结构有限元分析模型

4.3.1　路面结构组合

根据国外长寿命沥青路面结构设计理念及近几年国内高速公路沥青路面结构状况，为了研究不同结构组合下沥青路面力学特性，本节采用了四种沥青路面结构进行力学分析，各路面结构基本组合见表 4-3。

路面结构组合方案　　表 4-3

结构 A		结构 B		结构 C		结构 D	
结构层	厚度（mm）	结构层	厚度（mm）	结构层	厚度（mm）	结构层	厚度（mm）
细粒式沥青混凝土	40	细粒式沥青混凝土	40	细粒式沥青混凝土	40	细粒式沥青混凝土	40
中粒式沥青混凝土	70	中粒式沥青混凝土	180	中粒式沥青混凝土	50	中粒式沥青混凝土	50
粗粒式沥青混凝土	80	中粒式沥青混凝土	100	中粒式沥青混凝土	60	级配碎石	310
沥青碎石	80	级配碎石	310	级配碎石	310	石灰稳定土	305
水泥稳定碎石	300	石灰稳定土	305	石灰稳定土	305		
级配碎石	150						
土基							

其中路面结构 A 为最近两年在江西、广东及浙江等省高速公路上采用的组合式基层沥青路面结构，整个沥青层厚度达到 270mm，如江西省 2009 年 10 月开工建设的瑞寻（瑞金—寻乌）高速公路采用就是这种路面结构；路面结构 B 为厚沥青层

柔性路面(国外所谓的高强度厚沥青路面);路面结构 C 和 D 是用来作为厚度变化的比较结构,一般可用于中、轻交通道路上。

4.3.2 有限元模型

1)几何模型

ABAQUS 软件已经广泛用于路面结构的有限元模型分析,它可以在静态、准静态及动态条件下进行二维和三维分析,并且可以通过面向用户说明模拟包括弹性、黏弹性或弹塑性等各种材料特征。

本文采用 ABAQUS 6.6[106,111,114]开发了一个三维有限元模型来模拟上述路面结构 A、B、C 及 D,细的网格用在沿着轮迹加载区周围,相对粗的网格用在加载区远处。沿着车辆荷载区域的单元水平尺寸受制于轮胎花纹和凹槽几何状况,加载区域周围及里面的单元长度在横向方向选择为 15 ~ 18mm、纵向方向(交通方向)为 20mm。

为了界定两边的无限边界以及有限元网格的底部,需进行敏感性分析。在比较沥青混合料底部横向与纵向的应力、应变响应后,为了对全尺度参考有限元模型(3m × 3m × 5m)有最接近的解决方案,荷载中心到无限边界的水平位置需要大于 900mm。底部无限边界元的位置建议为 1 100mm 的深度,而这时路基内的最大压应力就变得微不足道,为最大轮胎路面接触应力的 1% 或更小。ARA 建议无限边界为 760 ~ 1 200mm[115]。

假定沥青层之间的界面结合良好,为完全连续。在沥青层与粒料基层间的界面采用库仑摩擦模型。

为了模拟一定速度的移动车辆荷载,可采用连续加载的概念。在这个方法中,轮胎加载痕迹逐渐地转换为加载面积,直到单个轮载经过为止。图 4-1 所示为三维有限元几何形状。

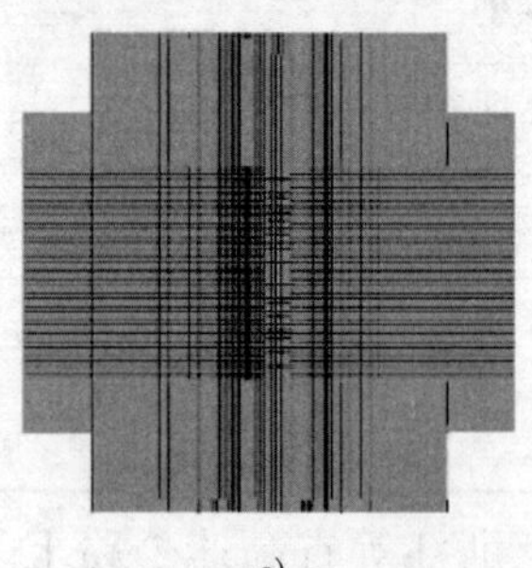

a)

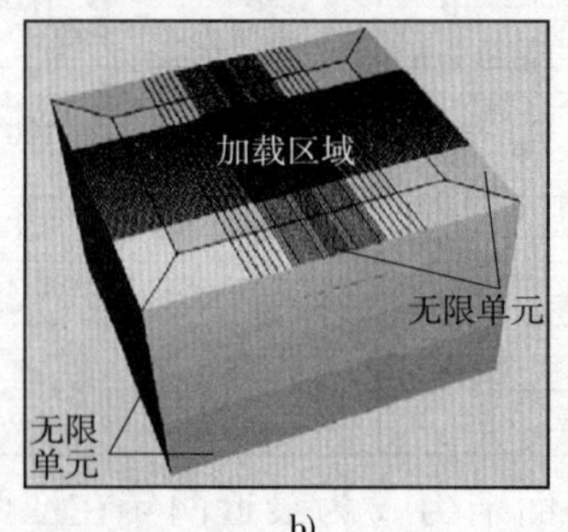

b)

图 4-1 三维有限元几何形状

a)平面几何形状;b)三维有限元

2)轮胎荷载

近些年来,在我国的汽车行业,子午线轮胎已逐渐替代了斜交轮胎,为了研究相关重载子午线轮胎类型对路面损伤的影响,可采用我国汽车行业广泛应用的双轮组轮胎作为隐式—动态有限元分析的不同轮胎类型来研究关于沥青层车辙、路基车辙及Top-Down疲劳开裂方面的路面损伤和有关路面力学响应。该轮胎的外形如图4-2所示,其主要尺寸见表4-4。

图4-2　双轮组轮胎外形

轮胎尺寸　　表4-4

轮胎类型	胎压(kPa)	接触宽度(mm)	直径(mm)
双轮组轮胎	720	212.13	1 044

众所周知,路面系统中的接触应力受轮胎尺寸和花纹模式的高度影响。为了精确模拟汽车荷载的路面响应,必须确定轮胎花纹与路表面确切的接触面积。每条轮胎花纹可模拟为单个的接触区,如图4-3所示。

图4-3　轮胎印痕

为了模拟计算路面的动态响应,本章分别采用了两种车辆荷载速度(8km/h和105km/h)下不同的沥青混合料温度(5℃、25℃及40℃)及不同荷载(35.5kN、45.5kN和53.5kN)进行力学分析,同时分析其引起的路面响应及路面损伤。用连续移动加载方法来模拟轮胎在某种速度下的运动,用隐式—动态分析来捕捉瞬态荷载下的路面响应。

4.4　路面响应分析

人们普遍认为疲劳裂缝和车辙分别是由沥青混合料层底部的临界拉应变和路基顶部的垂直压应变引起的。本节将着重研究这些引起长寿命沥青路面主要损伤的有关力学响应。

4.4.1 应力随深度的分布

在进行路面响应分析之前,先探讨路表和路面系统内的应力分布(依赖于轮胎类型)。轮胎—路面接触应力通常是通过路面向下分布,如图4-4所示。

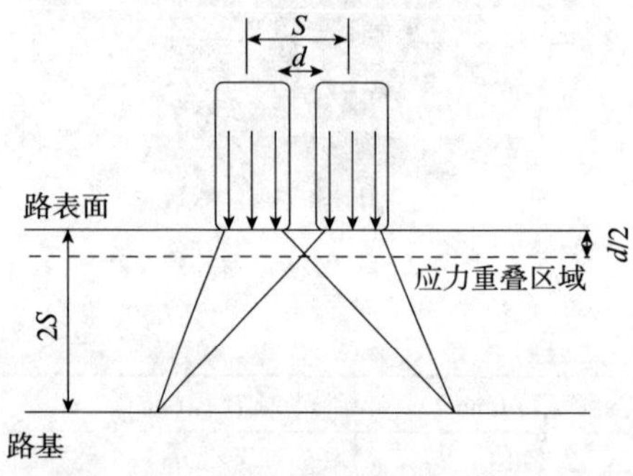

图4-4 轮载分布

对于计算应力、应变及弯沉的多层体系弹性半空间问题,我国同济大学的朱照宏教授及长安大学王秉纲教授等通过研究计算已经得到了闭合解[116]。Huang 1993年通过假设单、双轮胎具有相同的接触应力对等效单轮荷载(ESWL)进行了理论研究[70]。这个方法假设等效单轮荷载(ESWL)随路面厚度而变,如图4-4所示。图中表明,如果路面厚度小于$d/2$(d为双轮内侧间距),那么就不存在应力重叠。如果假设路面厚度大于$2S$(S为两轮中心间的距离),则存在一个完全的应力重叠。这些随深度变化的应力通常用数值模型来计算。

由Boussinesq和Burmister开发的数值模型假设荷载均匀分布在一个圆形接触面积上,该方法为在均匀、各向同性及线弹性半空间体中计算点荷载所产生的应力提供了一个闭合解[117-118]。依据这个方法,荷载中心的垂直应力如式(4-24)所示:

$$\sigma_z = \frac{3P}{2\pi \cdot z^2} \tag{4-24}$$

式中:P——点荷载;

z——点荷载下应力作用深度。

当点荷载变为分布荷载时,垂直应力计算式为式(4-25):

$$\sigma_z = q\left[1 - \frac{z^3}{(a^2 + z^2)^{3/2}}\right] \tag{4-25}$$

式中:q——表面正应力(圆形面积区半径a上的均匀压强);

a——柔性板半径。

应当指出,闭合解与材料性能无关,并且没有考虑应力叠加的影响。这些理论的主要假设如下[119]:

(1)均匀、各向同性及线弹性层状体系。

(2)不考虑惯性作用。

(3)均匀作用在一个圆形面积区的静态荷载。

(4)模量不变的半无限路基层。

(5)在所有层间接触面的应力和应变的相容性较好。

因此,上述模型没有考虑不均匀接触应力和表面切向力的影响。国内外的一些研究已经表明轮胎接触应力是不均匀的,而是有独特的形状和依赖于轮胎形状的分布。研究表明[120-121]:接触应力随轮胎花纹宽度而变并且依赖于轮胎类型和尺寸大小。

前面所述的子午线双轮组轮胎具有 10 条走向花纹,如图 4-5 所示。

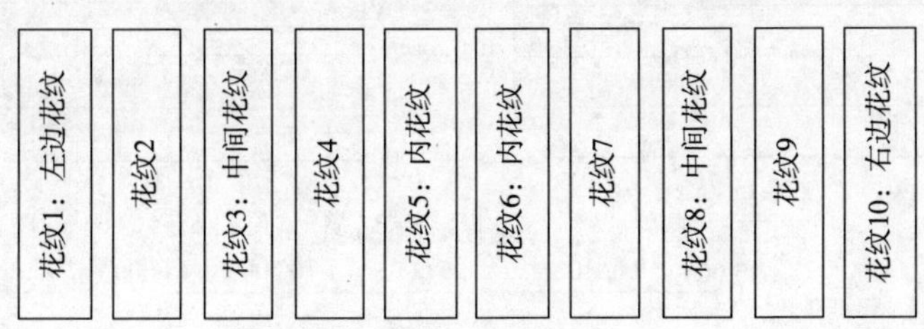

图 4-5　轮胎走向花纹分类

为了研究由轮胎荷载引起的不均匀应力对路面响应的影响,本节计算了路表面的应力(图 4-6)。图中描述了所计算的双轮组轮胎荷载引起的路表面接触应力。最大接触应力出现在轮胎荷载的中间花纹条下(第 3 条花纹)。在一定的荷载和胎压下,轮胎边缘的接触应力是最小的,如第 1 条花纹(左边)和第 10 条花纹(右边)。

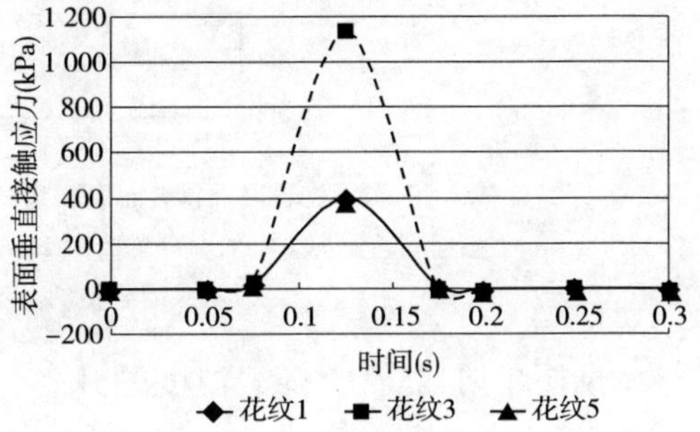

图 4-6　在 35.5kN 荷载、720kPa 胎压及 8km/h 速度下引起的表面垂直应力

4.4.2　压应变随深度的分布

沥青混合料车辙和路基永久变形可以分别通过沥青混合料内和路基顶部的临界压应变来进行评价。本节所采用的三维有限元可以计算这些部位的临界值,因此,研究了轮载引起的压应变随深度的分布。图 4-7a)、b)和 c)代表轮胎荷载在不同沥青混合料温度时的压应变随深度的分布。

在温度为 5℃时,如图 4-7a)所示,最大压应变不在表面接触面而在路表面以下。这说明不管它在沥青混合料的位置怎样,应该考虑沥青混合料层内的临界压应变。

值得注意的是,沥青混合料可能有不同的结构层,每一层具有不同的特征,并且沥青混合料的车辙潜力随温度的下降而减小。反过来,随着温度的上升,临界压应变则出现在路表面,如图4-7b)和c)所示。从图4-6中发现沥青混合料内和路基顶部的临界压应变,在中间花纹条下是最高的。这表明,在5℃时的沥青混合料内部压应变也许不是沥青混合料初始车辙的主要因素。在后面部分将予以详细讨论。

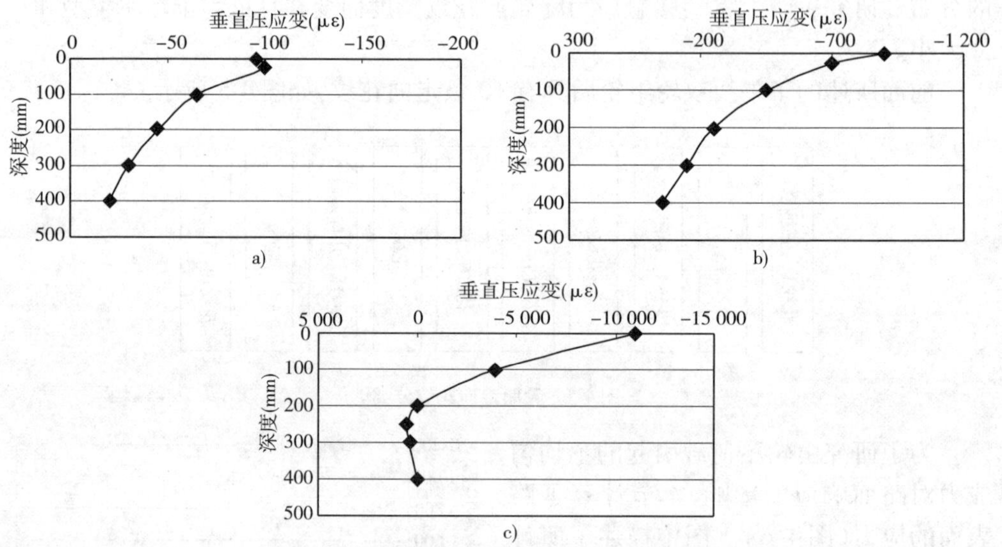

图4-7 沥青混合料表面层和基层在不同温度时压应变随深度的分布

a)表面层和基层混合料的温度均为5℃时;b)表面层和基层混合料的温度均为25℃时;

c)基层混合料的温度32℃、表面层40℃时

从图中可以看出,随着温度的升高,垂直压应变显著增大,并且出现在路表面,因此,沥青混合料车辙应该是较高温度下形成的。

4.4.3 沥青混合料内的垂直剪应变

沿行车方向路表面损伤(主要为车辙和Top-Down裂缝)的成因可能主要是重型车轮荷载的重复作用。沥青混合料底部的临界水平拉应变一般当作疲劳损伤的潜在原因来考虑。而沥青混合料表面层的Top-Down裂缝可能是由上层某处的临界拉应变或垂直剪应变引起的。

Al-Qadi等人发现,在路表面以下25mm处的垂直剪应变与表面层的病害存在很大的关系,为了定量轮胎对路面的影响,Al-Qadi测试了路面25mm深度处的垂直应变,认为该处的剪应力是最大的[122]。

为了评价垂直剪应变随路面深度的变化,本节采用三维有限元计算沥青混合料层内的临界剪应变(图 4-8 和图 4-9)。很明显,轮载引起的垂直剪应变随沥青混合料深度的变化而变化,且存在一个最大值。随着沥青混合料温度的升高,轮载引起的垂直剪应变增大,如图 4-8 所示。

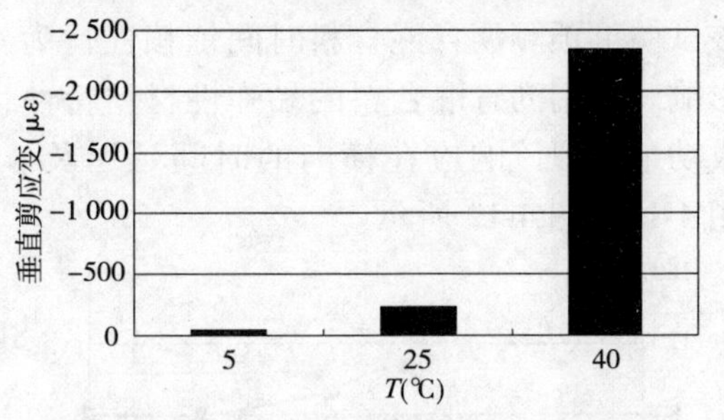

图 4-8　在沥青表面层(40mm)内的相对临界垂直剪应变

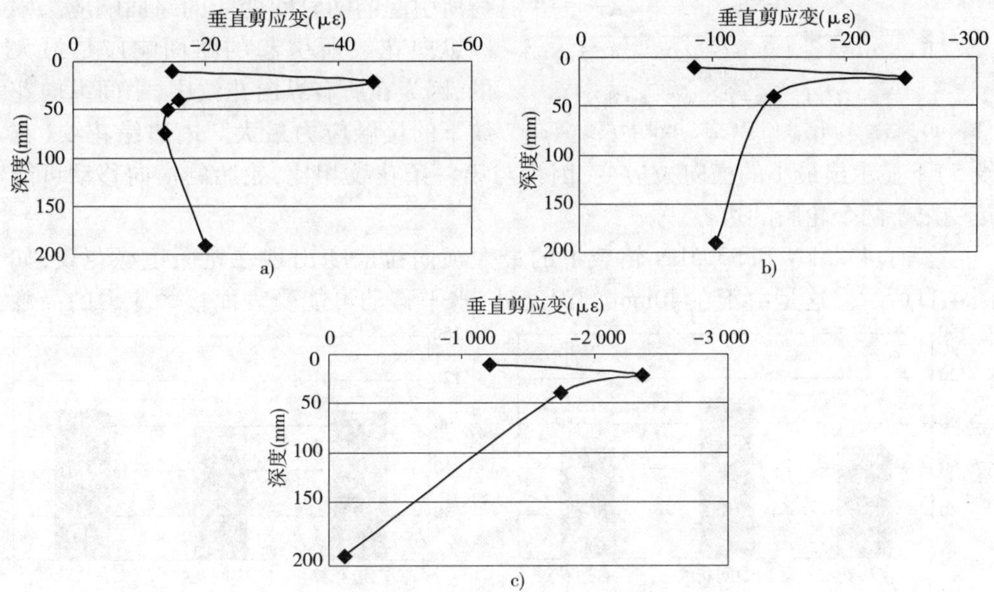

图 4-9　垂直剪应变随深度的分布

a)表面层和基层混合料的温度均为 5℃时;b)表面层和基层混合料的温度均为 25℃时;

c)基层混合料的温度 32℃、表面层 40℃时

从图 4-8 中可以看出,高温时的最大垂直剪应变远远大于温度较低时的最大垂直剪应变,且从图 4-9a)、b)及 c)可以看出,在不同沥青混合料温度下,荷载引起的最大垂直剪应变大约位于路表面下 20 ~ 30mm 处。

4.4.4　结构 A 沥青路面层底应变

1)结构 A 沥青表面层层底应变

按照前面提到的,沥青混合料的黏弹性材料特性可以通过蠕变柔量试验获得。

该试验可预测沥青混合料时间依赖性行为，说明轮胎负荷对单轮荷载路面响应的影响。利用沥青混合料的黏弹性材料特性，三维有限元模型的隐式—动态分析可成功地模拟该响应在横向的时间延迟及非对称性和纵向沥青混合料的松弛，如图 4-10 ~ 图 4-12 所示。

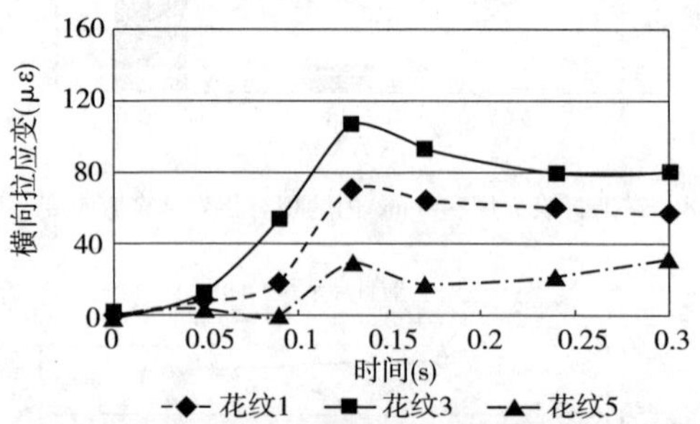

图 4-10　结构 A 沥青表面层底部的横向拉应变(40mm)

图 4-10 表示了轮胎荷载在速度为 8km/h 和沥青混合料温度为 25℃ 下结构 A 沥青表面层底部的横向拉应变。从图 4-10中可以看到不同轮胎纵向花纹负荷所引起的随时间变化的路面响应。中间纵向花纹所引起的路面响应是最大的，因为在所有纵向花纹中，中间纵向花纹下的接触应力最大。内边缘花纹（花纹 5）下显示出最小的横向拉应变，因为与第一条花纹相比，轮胎的横向移动可能更受限于两个轮胎的边界。

然而，45. 5kN 和 53. 5kN 轮载下的最大横向拉应变出现在轮胎边缘花纹，如图 4-11所示。这是由于在 40mm 的深度处，水平移动可能受表面接触应力的高度

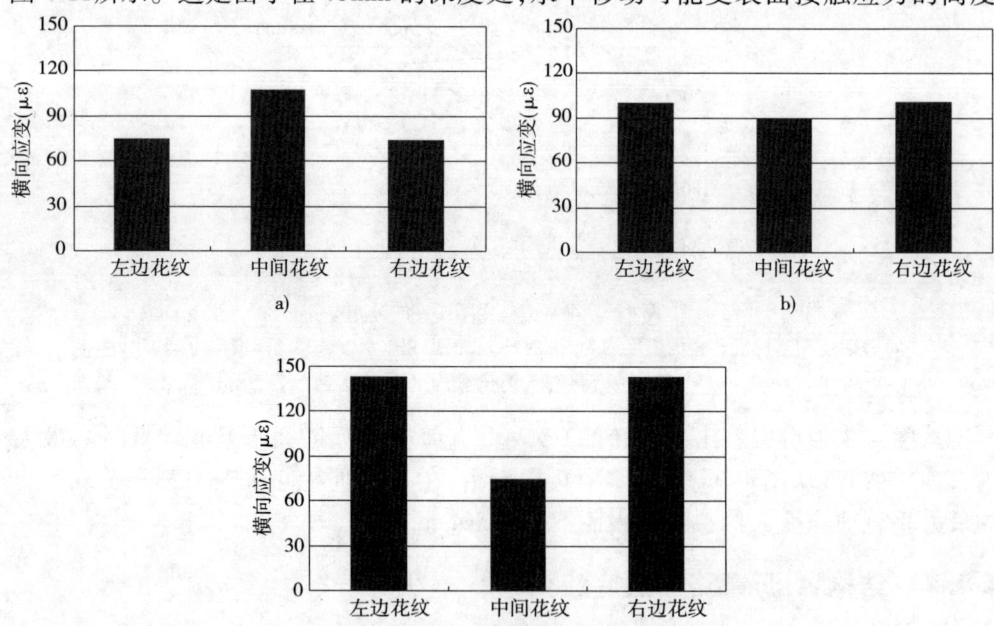

图 4-11　结构 A 沥青表面层（40mm）底部的临界横向拉应变

a）35. 5kN 的轮载；b）45. 5kN 的轮载；c）53. 5kN 的轮载

影响,并且在外部自由边缘(水平移动受限制较少)相对较高的接触应力在外边缘产生的水平应变可能大于35.5kN轮载下的应变。图4-12描述了轮载在速度为8km/h和沥青混合料温度为25℃下纵向应变的黏弹性行为。当与横向应变比较时(参考图4-10),纵向应变消失得更迅速。不同轮胎负荷对最大纵向应变的影响如图4-13所示。中间纵向花纹的纵向应变最大。显然,在浅深处,轮载对横向应变的影响比纵向应变更为明显。

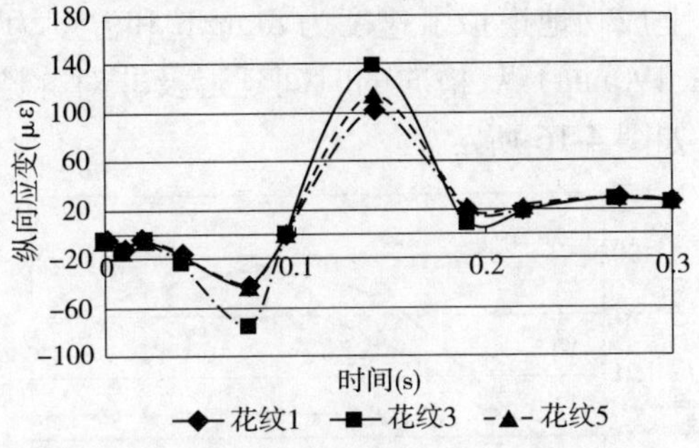

图4-12　结构A沥青表面层(40mm)底部的纵向应变

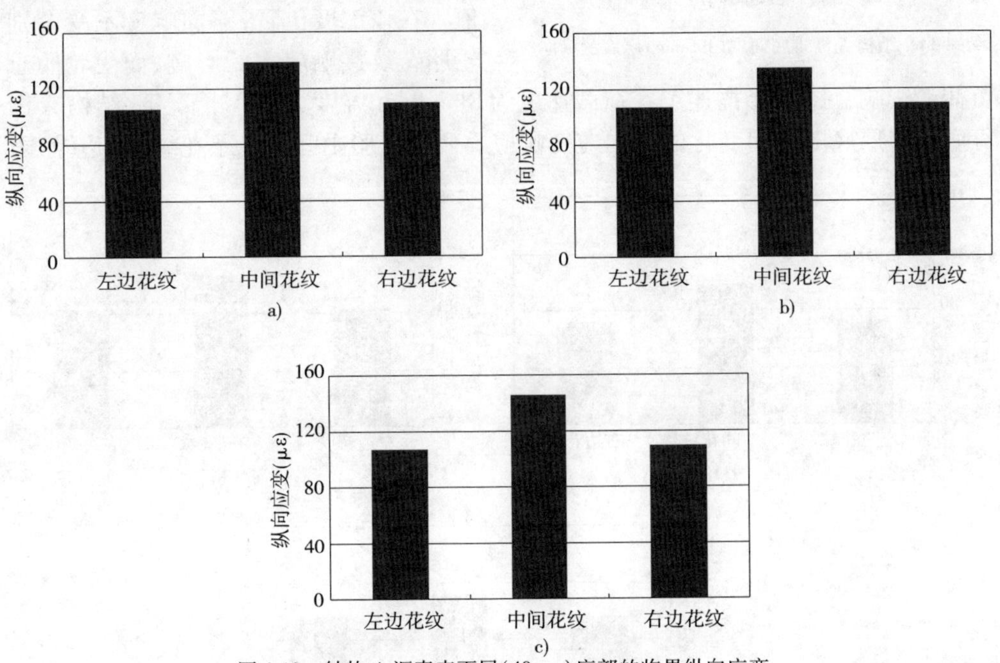

图4-13　结构A沥青表面层(40mm)底部的临界纵向应变

a)35.5kN的轮载;b)45.5kN的轮载;c)53.5kN的轮载

2)结构A沥青底面层层底的横向和纵向界面应变

在路面系统内,路面损伤受临界应力及应变的影响。其中,沥青层层底的应变一般认为是疲劳损伤的临界应变。文中所用的三维有限元模型不仅可以计算路面系统内随时间变化的响应,而且还可以计算路面界面处的临界值。这些响应可提供不同轮载作用下潜在损伤的迹象。在三维有限元模型的隐式—动态分析的基础上成功地模拟了速度为 8km/h 和温度为 25℃ 时该响应在结构 A 沥青底面层层底(190mm)纵、横向的时间延迟及非对称性,横向拉应变如图 4-14 所示,纵向拉应变如图 4-16 所示。

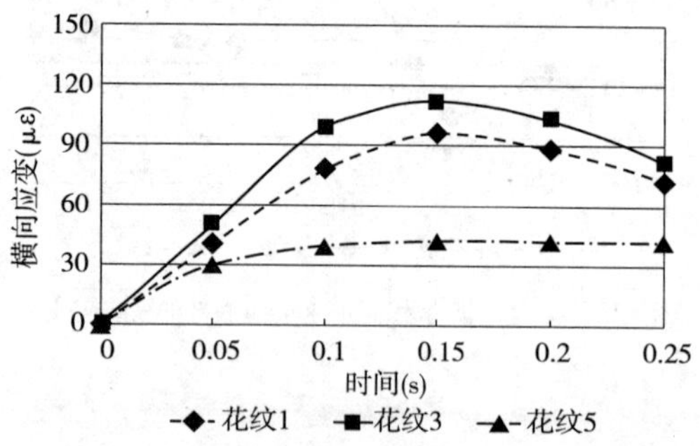

图 4-14 结构 A 沥青底面层(190mm)层底的横向应变

为了评价结构 A 沥青底面层层底随时间变化的响应,图 4-14 表示了横向拉应变随时间的变化。两个轮胎间的内边缘(第 5 条花纹)拉应变最小,这是由于双轮组轮胎两个轮胎间的横向移动受到限制。类似地,图 4-15 描述了不同轮载下随时间变化的横向应变最大值。在该深度位置,路面响应不受个别轮胎花纹接触应力的影响,而受轮胎总负荷的影响。图 4-16描述了在荷载速度为 8km/h 和温度为 25℃ 情况下,结构 A 沥青底面层层底随时间变化的纵向应变响应。两个轮胎中间第 5 条花纹(内边缘)下

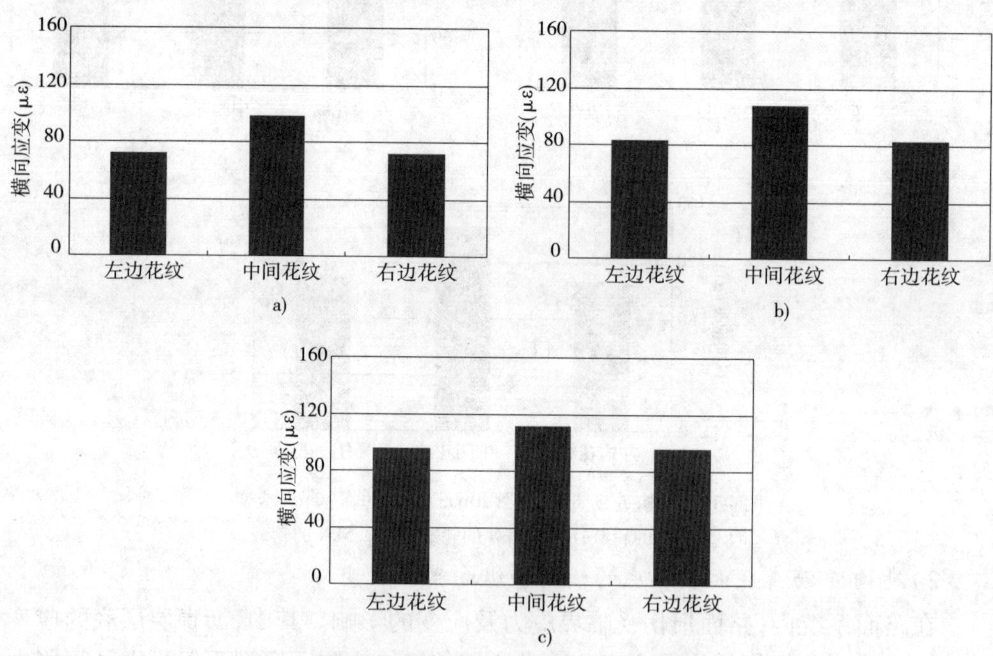

图 4-15 结构 A 沥青底面层(190mm)层底的横向峰值应变

a)35.5kN 的轮载;b)45.5kN 的轮载;c)53.5kN 的轮载

的纵向应变大于外边第 1 条花纹(左边缘)。这也许是由于在这个深度处、两个轮胎的内花纹下(图 4-5 中的花纹 5 及花纹 6)相同方向的应力重叠造成的。

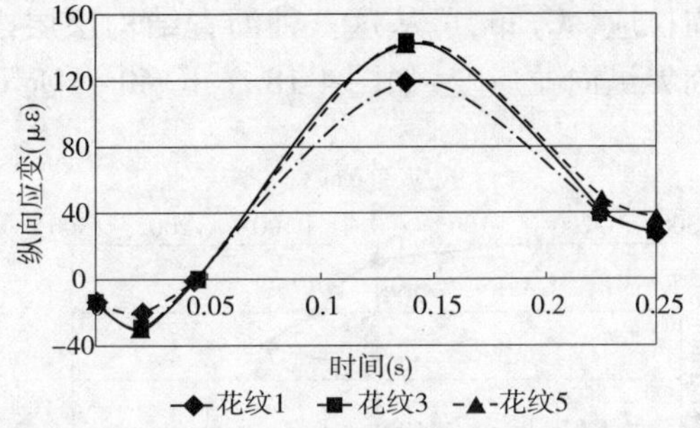

图 4-16　结构 A 沥青底面层(190mm)层底的纵向应变

图 4-17a)、b)和 c)分别表示了不同轮载作用下纵向应变的峰值。轮载作用下的最大纵向应变出现在轮胎中间花纹下。另外,在这个深度位置的路面响应受轮胎总负荷的影响较大。轮载引起的纵向应变变化幅度比横向应变更为明显。

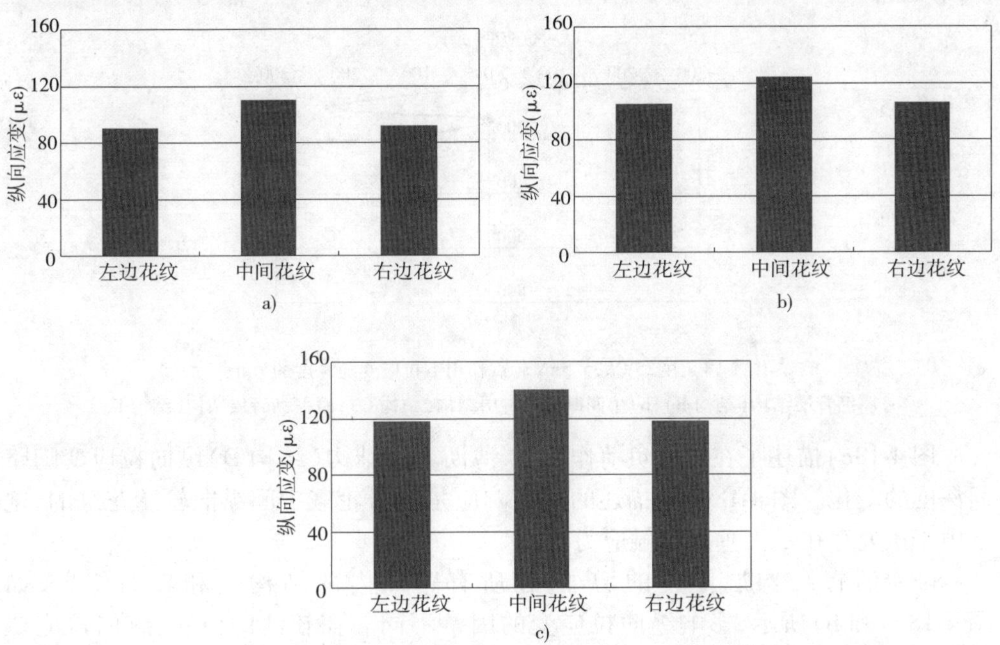

图 4-17　结构 A 沥青底面层(190mm)层底的纵向峰值应变

a)35. 5kN 的轮载;b)45. 5kN 的轮载;c)53. 5kN 的轮载

4. 4. 5　结构 B、C 及 D 的临界路面响应

这三个沥青路面结构均由级配碎石基层和沥青层组成,仅设计的沥青层厚度不一样(表 4-3),即:结构 D——薄沥青层(90mm)、结构 C——中间厚度沥青层

(150mm)及结构 B——厚沥青层(320mm)。为了研究沥青结构层表面到层底的纵向拉应变分布,可从这三种沥青结构层层内及其界面处随时间变化的响应中获取临界纵向拉应变,如图 4-18a)、b)和 c)所示。

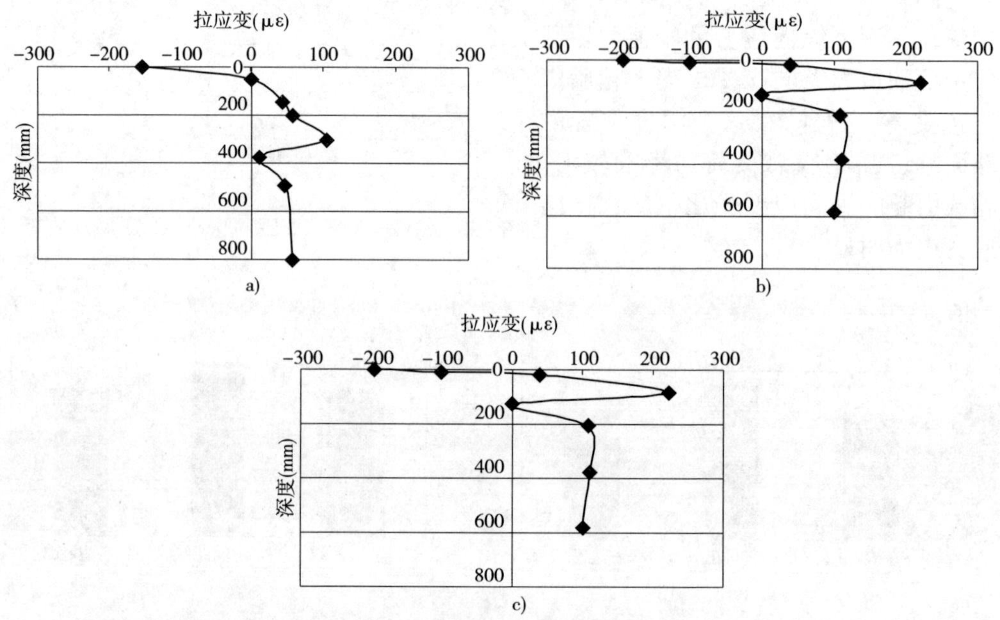

图 4-18 在 25℃、35.5kN 轮载作用下拉应变随深度的分布

a)厚沥青层结构(结构 B);b)中间厚度沥青层结构(结构 C);c)薄沥青层结构(结构 D)

图 4-18c)描述了在轮胎负荷作用下,薄沥青层结构(结构 D)纵向拉应变随路面深度的变化。图 4-18c)中描述的所有响应是针对轮载中间纵向轮胎花纹的,这是由于该处存在最大垂直接触应力。

随着沥青结构层厚度的增加,在所有路面内部结构层和界面位置,如图 4-18a)和 b)所示,影响纵向拉应变的因素不同。在较浅的位置,纵向拉应变受表面接触应力的影响较大;而在较深的路面结构层中,应变受轮胎总负荷的影响较大。

图 4-19 表示了压应变随深度的变化规律。对于薄沥青层结构(结构 D)和中间厚度沥青层结构(结构 C),在集料层顶部存在应变集中,这将使得基层(其弹性模量相对比沥青混合料要小)顶部产生较高的压应变。随着沥青结构层厚度的增加,这种应变集中现象减弱。也就是说,厚沥青层结构可以明显减小基层顶部的压应变,从而减小其永久变形的发生。

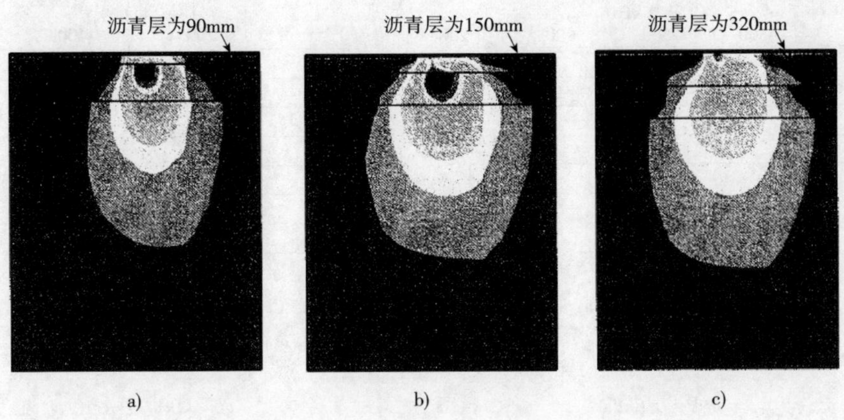

图4-19 在25℃、35.5kN轮载作用下，沥青层内的压应变集中情况

a)薄沥青层；b)中间厚度沥青层；c)厚沥青层

最大压应力和应变随路面深度的变化其分布规律是不一样的，压应力随路面深度的增加不断减小，如图4-20～图4-22所示。然而，对于薄沥青混合料层，其压应变则随深度的增加而逐渐增大，接着由于剪切力的影响发生改变。在厚沥青混合料层中(320mm)，压应变随着深度的增加而不断减小[图4-22b)]，这意味着，如果永久变形的主要控制因素是沥青混合料内的压应力和压应变，则随着沥青结构层厚度的增加，这种损伤减小。也就是说，厚沥青层路面结构发生车辙损伤的可能性要小于较薄沥青层结构。

通过对图4-20～图4-22的分析可知，两个轮胎荷载随路面深度的应力重叠将影响计算的应力、应变。换句话说，由于两个轮胎的负荷一样，轮载的应力重叠可能在路基顶部导致相等的压应力。

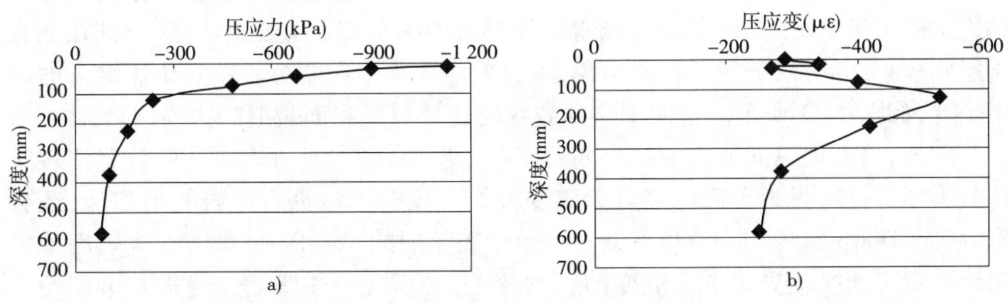

图4-20 压应力与压应变随深度的变化(结构D，在25℃、35.5kN轮载作用下)

a)压应力随深度的变化；b)压应变随深度的变化

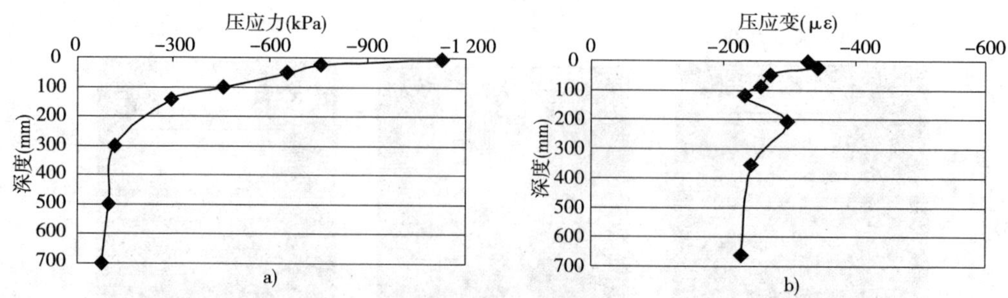

图 4-21　压应力与压应变随深度的变化(结构 C,在 25℃、35.5kN 轮载作用下)

a)压应力随深度的变化;b)压应变随深度的变化

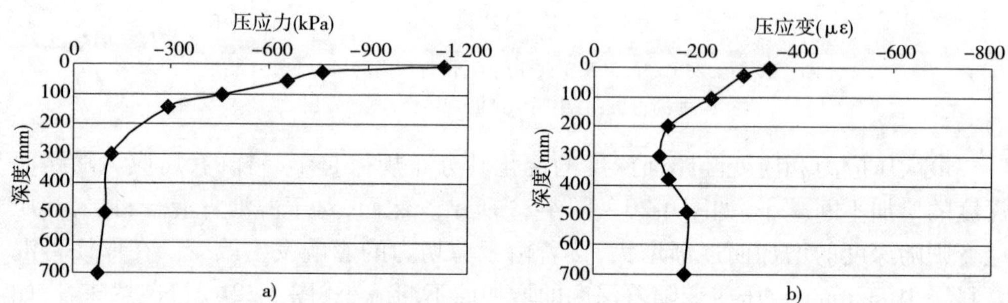

图 4-22　压应力与压应变随深度的变化(结构 B,在 25℃、35.5kN 轮载作用下)

a)压应力随深度的变化;b)压应变随深度的变化

沥青层层底的横向拉应变已经在柔性路面疲劳损伤分析中得到广泛的应用。这意味着,疲劳裂缝首先出现在沥青结构层的底部,然后扩展到路面表面。值得注意的是,随着路面深度的增加,纵向拉应变(大于横向应变)从压缩变为拉伸(图 4-15、图 4-17 及图 4-18)。然而,垂直剪应变的分布与纵向拉应变相比,表现出不同的趋势,如图 4-23a)和 b)所示(图中表示的是双轮组轮胎其中一个轮胎在 B 结构下的剪应变分布)。轮载在沥青混合料层内的垂直剪应变很明显,但其在沥青层层底较小。此外,就轮胎荷载来说,垂直剪应变集中在两个轮胎每个边缘下的四个位置,如图 4-23 所示。这四个临界应变位置是引起表面裂缝的主要因素。

此外,当最大纵向或横向拉应变处于沥青层层底时,垂直剪应变的位置依赖于轮载类型。这些靠近表面的多点剪应变可能不仅会影响沥青混合料剪切流,还会影响 Top-Down 裂缝(TDC)损伤潜力。始于表面层的 Top-Down 裂缝在离表面浅的深度位置可能受临界垂直剪应变的影响较大。另外,一些路面裂缝很有可能始于临界垂直剪应变的位置。

如图 4-23 所示,对于轮胎荷载左边花纹(花纹 1)和内侧花纹(花纹 5),其在路基中的垂直剪应变大部分是受压状态。

当估算路面响应随路面深度的分布时，界面处的纵向或横向拉应变和沿每一层的垂直剪应变对确定临界路面响应都是很重要的。

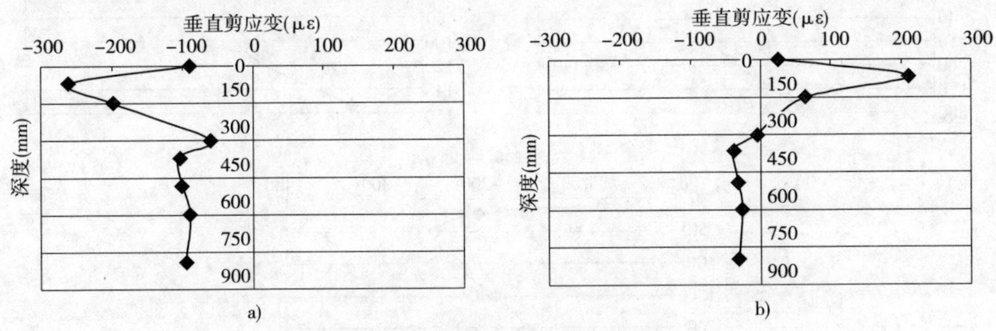

图 4-23　在横向方向，垂直剪应变随深度的变化

a)左边花纹下面;b)内侧花纹下面

近来，Top-Down 裂缝在沥青路面系统分析中受到越来越多地关注，尤其是厚式长寿命沥青路面。然而，目前还没有方法可以用来预测潜在的 Top-Down 裂缝行为。由于 Top-Down 裂缝影响路面性能，所以必须了解影响其发展的因素。

曾有一些研究认为，Top-Down 裂缝仅仅是由路面内的荷载或非荷载引起的。轮胎花纹下的表面拉应力或应变通常作为 Top-Down 裂缝的主要原因来处理。然而，Bensalem 等人通过用有限元模型分析路面中荷载诱发的应力应变，提出了一个不同的 Top-Down 裂缝机理[123]，他们认为，荷载在轮胎边缘垂直面诱发的剪应变(比如垂直剪应变)大于同位置的水平拉应变，因此，垂直面上的剪应变会引发 Top-Down 裂缝。他们还指出，减小沥青层厚度会导致剪应变的增大，薄沥青结构层可能比厚沥青结构层更容易引发 Top-Down 裂缝。但其研究的重点仅限于路表面而不是整个沥青结构层。

本项研究表明，对于整个沥青层厚度来说，最大垂直剪应变不是发生在路表面而是发生在沥青结构层里面，如图 4-24 所示。部分压应力可能随沥青路面深度的增加会消散到水平应变(纵向或横向应变)或垂直应变(垂直剪应变)中。因此，最大剪应变可能出现在沥青结构层里面。

从图 4-24 可以看出，最大剪应变大概位于 35 ~ 50mm 深度处，这表明，这种“看起来是表面裂缝”可能始于路表面下方连同扭曲变形的某个位置。另外，随着沥青层厚度的增大，最大剪应变值减小，也就是说结构 D 和 C 比结构 B 发生剪切破坏的可能性更大。

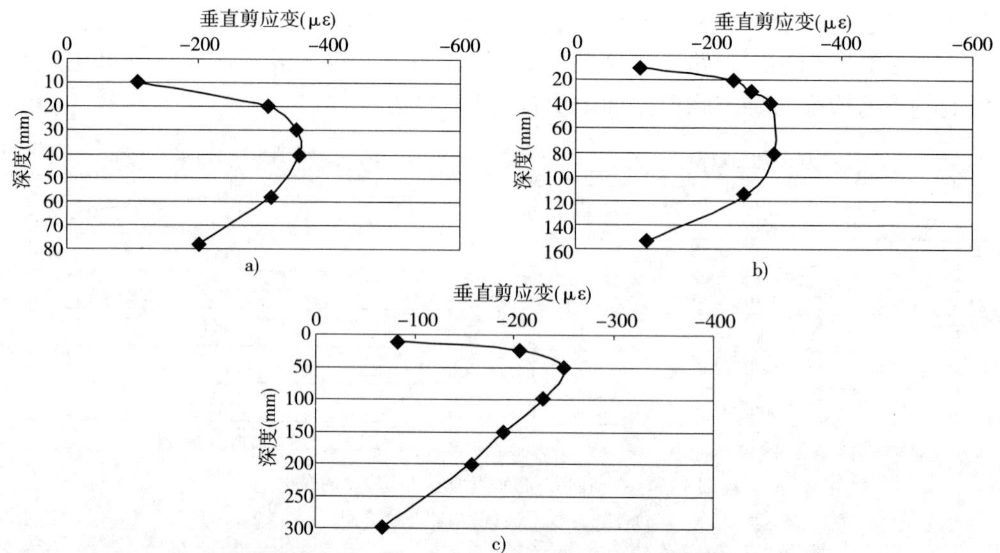

图4-24 不同沥青层厚度下的垂直剪应变分布(沥青混合料温度为25℃,轮载为35.5kN)
a)8km/h,沥青层厚度为90mm(结构D);b)8km/h,沥青层厚度为150mm(结构C);
c)8km/h,沥青层厚度为320mm(结构B)

当沥青混合料体积模量和剪切模量松弛增加时,横向和纵向应变随温度和(或)时间的增加而增大。这种暂时局部现象可导致沥青混合料层产生变形(拉伸变形、剪切变形或弯曲变形),还会引起沥青混合料层底产生纵向拉应变。

图4-25a)~e)所示的是,从深度浅的位置(4.75mm)到沥青混合料层底(150mm),在沥青混合料温度为25℃和轮载为35.5kN时,对轮胎荷载下所计算的横向拉应变(垂直于行车方向)、纵向拉应变(行车方向)及垂直剪应变之间的比较。在深度浅的位置(4.75mm),所计算的每条花纹边缘处的横向拉应变和垂直剪应变变化很大,如图4-25a)所示。这是由同时间的垂直压力和表面切向剪力引起的。在该深度的纵向应变没有显著的变化,因为纵向表面切向剪力相对比垂直接触应力和横向表面切向剪力小。

此外,随着路面深度的增加,发现在路表面下4.75mm~110mm深度,垂直剪应变明显大于纵向及横向拉应变[图4-25a)~d)]。相反,在沥青结构层层底[150mm,图4-25e)],轮胎荷载的纵向和横向拉应变大于垂直剪应变。在大多数传统疲劳损伤传递函数中,沥青混合料层底横向(或有时纵向)拉应变常用来确定疲劳损伤。然而,本项研究认为,表面下的垂直剪应变也很重要,其对确定临近表面的潜在Top-Down裂缝(TDC)损伤起主要作用,因此,可以将Top-Down裂缝(TDC)当作沥青混合料浅深处特殊的疲劳裂缝损伤来处理。

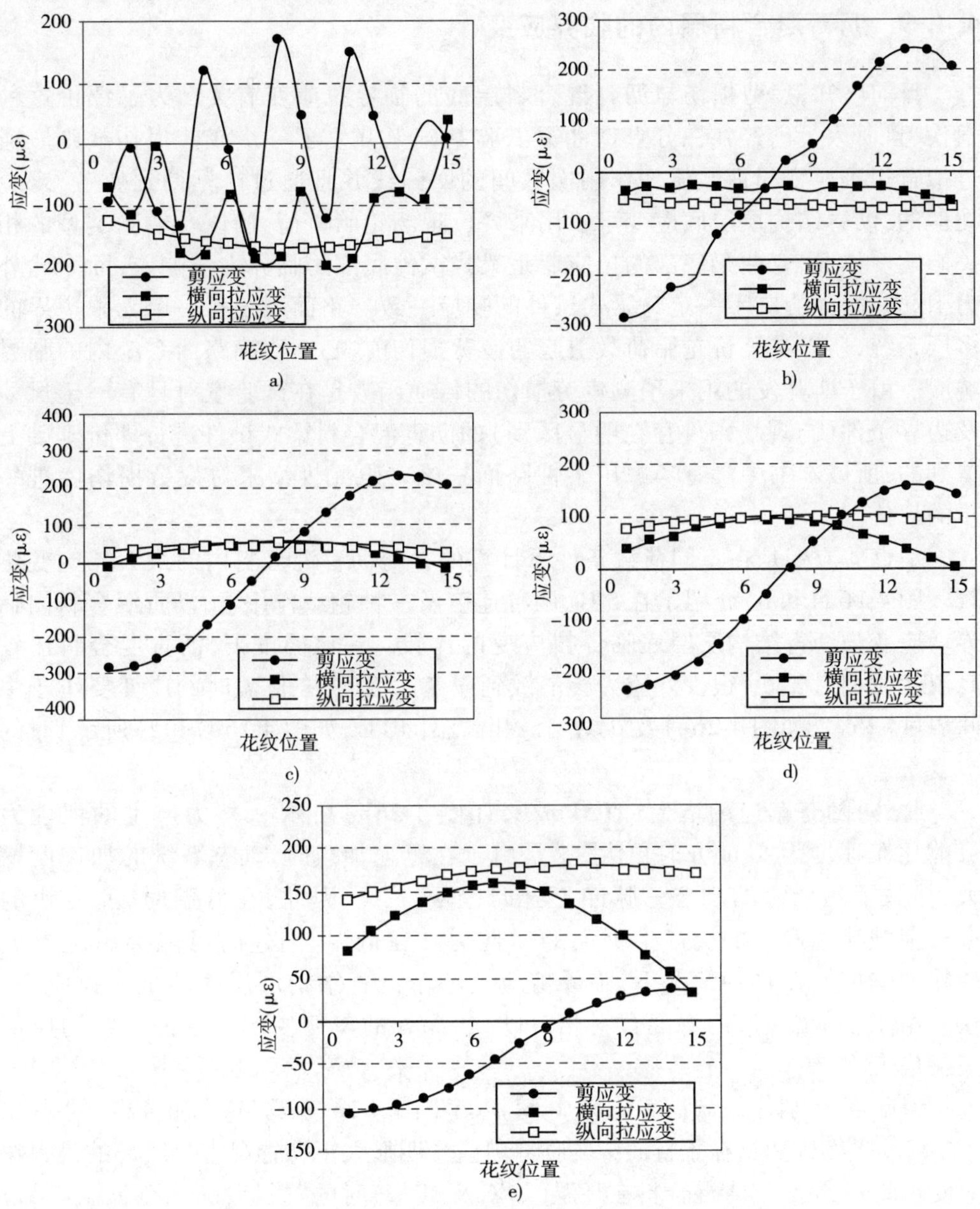

图4-25　水平拉应变与剪应变的分布

a)路表面下4.75mm处；b)路表面下40mm处；c)路表面下80mm处；

d)路表面下110mm处；e)路表面下150mm处

4.4.6 沥青混合料层内的临界应变

目前已知,疲劳损伤与沥青混合料层底的临界拉应变有关。为了评价这种损伤,科研人员已经在三分点弯曲梁试验基础上开发了一个疲劳损伤准则。通过拟合得到应变与荷载循环作用次数间的回归线并且通过计算得到疲劳参数。类似的,沥青结构层层底应变可以用来评价现场轮胎负荷、胎压及轮胎类型的相关影响。然而,弯曲梁底部的拉应变是梁式试件底部的临界力学响应,而车轮外力引起的路面响应不一定与梁式试件的响应一致。路面系统是一个无限边界的多层系统,所以在评价轮胎荷载引起的疲劳损伤前,必须明确路面系统内的临界响应。由于所开发的用来预测疲劳损伤的传递函数是在试验室对具有一定尺寸及边界条件(与现场条件存在明显区别)的沥青混合料梁式试件进行评价基础上得到的,所以本书中没有考虑用柔性路面三维有限元模型来对疲劳损伤做进一步的评价。

垂直剪应变是在不同荷载条件下计算的并与沥青混合料内的最大拉应变比较。图4-26a)和b)介绍了在5℃、两种速度及三种轮载作用下,沥青混合料内临界剪应变与沥青结构层层底临界拉应变的比较。在该温度下,沥青混合料比较高温度时相对要硬,很少外应力会消散到应变。因此,在低温时的应变要小于中间温度[25℃,如图4-26c)及d)所示]和高温[40℃,如图4-26e)和f)所示]时的应变。

此外,随着车速的增大[105km/h,如图4-26b)所示],外力产生的惯性力可能比车速度为8km/h时更大,这是由于在迅速加载时,动态系统的加速度增大,导致了一个短的动态—脉冲上升时间[101,124]。因此,在低温时,速度快的车辆荷载比速度慢的会产生更大的惯性力。在低温、高速时可能会引起更大的路面响应。在这种情况下,临界剪应变小于沥青结构层层底的最大拉应变。这是由于在低温时,沥青混合料相对硬,在深处的剪切变形小于沥青结构层层底拉应变。

当温度分别上升到25℃的中间温度[图4-26c)及d)]和40℃的高温[图4-26e)及f)]时,在垂直面中的临界剪应变明显大于沥青混合料底部的最大拉应变。此外,由于沥青混合料在高温(25℃及40℃)时的"柔韧性"大于低温(5℃)时,在车速增大时,依赖于加载时间的沥青混合料线黏弹性特征产生的应变更小。至于轮载对路面响应的影响,在任何情况下,当轮载从35.5kN增加到53.5kN时,应变逐渐增大。

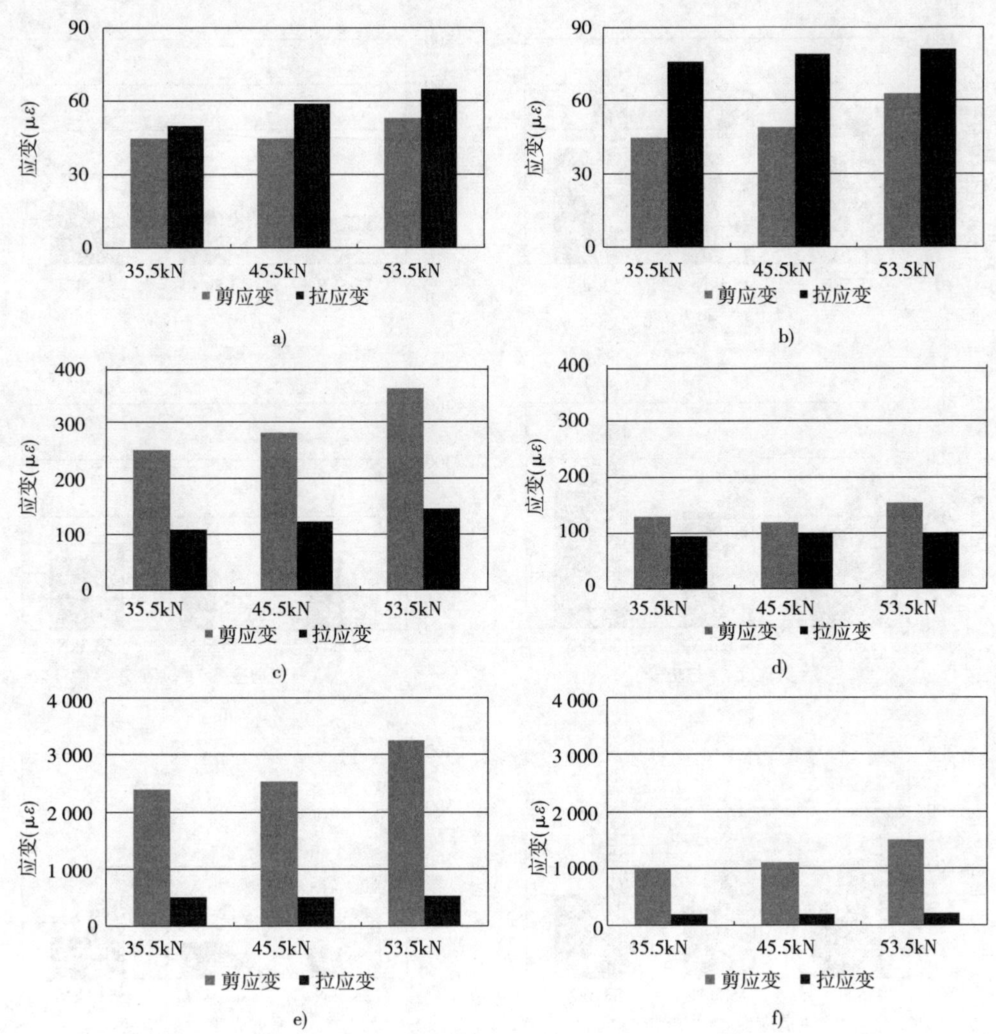

图4-26　结构A在不同轴载、加载速度及温度下的临界应变

a)8km/h,5℃;b)105km/h,5℃;c)8km/h,25℃;d)105km/h,25℃;e)8km/h,40℃;f)105km/h,40℃

为了研究25℃时不同沥青层厚度对路面响应的影响,图4-27a)~f)描述了结构B、结构C及结构D临界剪应变与沥青结构层层底最大拉应变之间的相关比较。类似于结构A,沥青混合料内的临界垂直剪应变明显大于沥青结构层层底的最大拉应变;车轮荷载和速度对结构的影响与结构A相似。

从图4-27可知,沥青混合料中的垂直剪应变对结构的损伤情况有很大影响,是目前在柔性路面中观察到的损伤的主要起因。

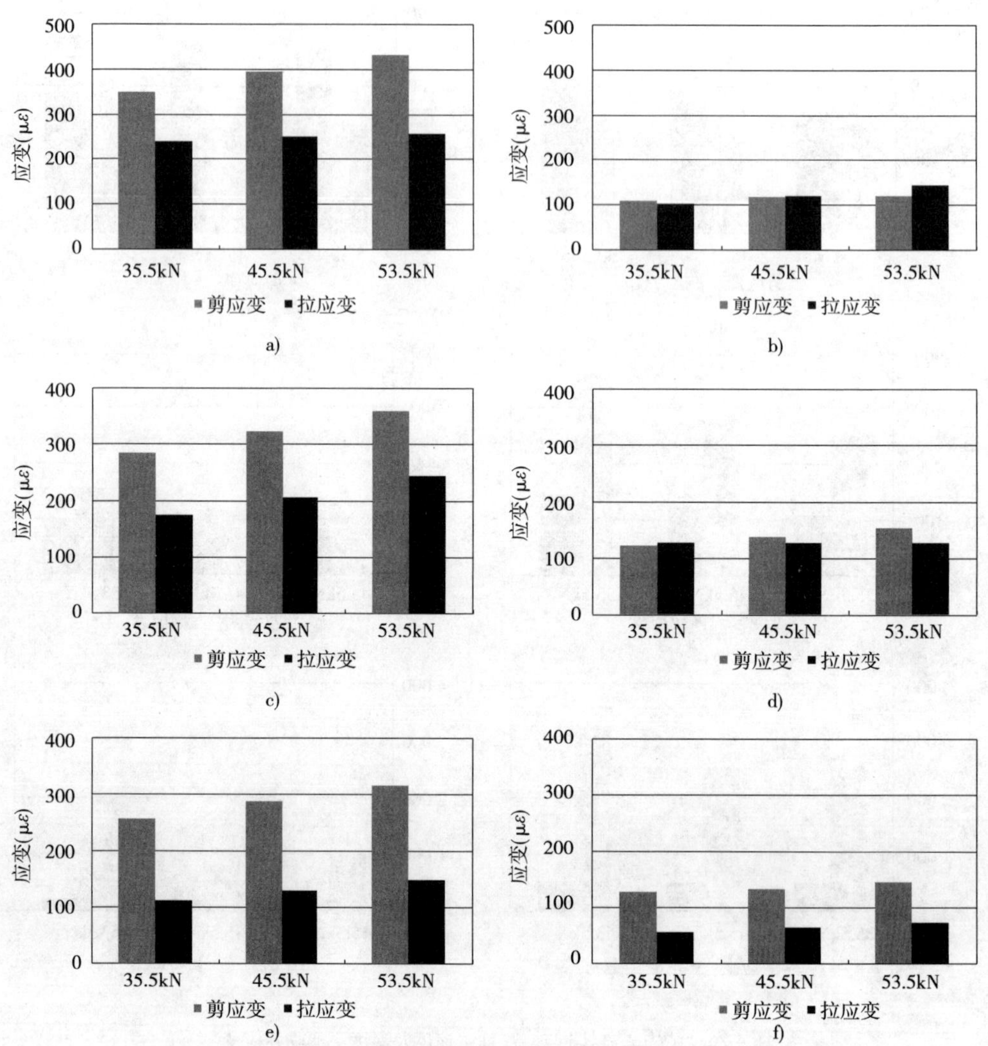

图 4-27　不同轴载、加载速度及沥青层厚度在 25℃时的临界应变

a)8km/h，沥青层厚度 90mm；b)105km/h，沥青层厚度 90mm；c)8km/h，沥青层厚度 150mm；d)105km/h，沥青层厚度 150mm；e)8km/h，沥青层厚度 320mm；f)105km/h，沥青层厚度 320mm

4.5　长寿命沥青路面结构损伤分析

对于长寿命沥青路面来说，路面的损伤主要发生在路面表面，因此，为了掌握长寿命路面的损伤行为，以下部分在结合前面路面力学响应的基础上，阐述了路面

损伤分析的结果。在不同路面设计中，分别在三种温度（5℃、25℃及 40℃）、三种轮胎荷载（35.5kN、45.5kN 和 53.5kN）及两种车速（8km/h 和 105km/h）情况下估算轮胎荷载引起的临界路面响应。同时对沥青路面路基顶部压应变状况进行了详细分析，为进一步明确长寿命沥青路面路基顶部压应变设计指标奠定基础。

4.5.1　路基顶部的临界压应变

路基永久变形一般与路基顶部的压应变有关。由于用第 2 章所述的预估传递方程来计算有关压应变的荷载容许重复作用次数精确度不高，所以用所计算的垂直压应变，在两种速度（8km/h 和 105km/h）下，进行直接比较，表 4-5 ~ 表 4-7 表示了结构 A 的路基顶部压应变随轮载和车速的变化情况。正如预料的那样，轮载增加，应变也增加。

结构 A 在 5℃时路基顶部压应变比较　　表 4-5

轮载（kN）	路基顶部压应变（8km/h）（με）	路基顶部压应变（105km/h）（με）
35.5	−126.00	−23.51
45.5	−148.23	−24.30
53.5	−167.61	−26.20

结构 A 在 25℃时路基顶部压应变比较　　表 4-6

轮载（kN）	路基顶部压应变（8km/h）（με）	路基顶部压应变（105km/h）（με）
35.5	−153.00	−21.49
45.5	−180.05	−20.90
53.5	−201.10	−25.10

结构 A 在 40℃时路基顶部压应变比较　　表 4-7

轮载（kN）	路基顶部压应变（8km/h）（με）	路基顶部压应变（105km/h）（με）
35.5	−155.00	−14.76
45.5	−182.93	−17.70
53.5	−203.51	−20.30

从表 4-5 ~ 表 4-7 可知，在低速时，路基顶部压应变相对较大，且随着温度的升高，路基顶部压应变相应增大；在高速时，其路基顶部压应变相应要小得多，且随着温度的升高，路基顶部压应变呈下降趋势。这意味着，车辆荷载在高速行驶时，路基车辙损伤潜力比低速时要小得多，并且随温度的升高，路基车辙损伤潜力呈下降

趋势。另外还发现，在不同轮载作用下，结构 A 无论在低速还是高速时，其路基顶部压应变几乎均小于 200με，尤其是高速时更是远远小于 200με。这说明，结构 A 的路基顶部压应变完全满足长寿命路面路基顶部压应变应小于 200με 的指标要求。

类似地，为了进一步说明不同厚度下的路基顶部压应变情况，表 4-8 所示为在结构 B、C 及 D 这三种不同沥青结构层厚度下、不同轮胎荷载作用下路基顶部压应变之间的直接比较。由表 4-8 可知，路基顶部的压应变大于结构 A。但当沥青结构层厚度增加到 320mm 时，由于路基顶部应力较小，其应变减小，其路基顶部压应变与结构 A 接近。这进一步说明结构 A 的路基顶部压应变满足长寿命路面要求。

不同沥青层厚度 25℃时路基顶部压应变比较(8km/h)　　表 4-8

轮载(kN)	路基顶部压应变(90mm)(με)	路基顶部压应变(150mm)(με)	路基顶部压应变(320mm)(με)
35.5	−260.72	−220.72	−152.22
45.5	−308.50	−260.00	−177.98
53.5	−353.71	−296.67	−201.79

另外，沥青层较薄时，路基顶部压应变较大，这说明沥青层较薄时的路基顶部车辙损伤潜力更大。

4.5.2　路表面临界压应变

随着目前修筑厚沥青路面(长寿命路面)的趋向，临界路面响应已从沥青路面层底拉应变转换到临近路表面的响应。在进行沥青混合料初始车辙损伤分析之前，值得注意的是，就像垂直剪应变和拉应变一样[见图 4-26a)和 b)]，动载影响路表面压应变。如表 4-9 所示，随着车速增大到 105km/h，压应变也相应增大。这是由于外力产生的惯性力大于车速为 8km/h 时的情况。换句话说，惯性力可能是低温时低速车辆荷载的主要路面响应；而高温时，沥青混合料的黏弹性可能是主要的路面响应。在同样低的温度下，高速时惯性力引起的压应变可能比低速时大。

结构 A 在 5℃时的路表压应变　　表 4-9

轮载(kN)	路表压应变(8km/h)(με)	路表压应变(105km/h)(με)
35.5	−99.28	−106.00
45.5	−99.30	−105.30
53.5	−99.62	−100.62

沥青混合料车辙与路表面压应变有关，这种破坏机制在缓慢加载或路面温度较高时是一个值得关注的问题。表4-9～表4-11所示为在不同轮胎荷载（35.5kN、45.5kN、53.5kN）和不同车速（8km/h和105km/h）下所引起的结构A沥青混合料车辙损伤的沥青混合料表面压应变。

结构A在25℃时的路表压应变　　表4-10

轮载（kN）	路表压应变（8km/h）（με）	路表压应变（105km/h）（με）
35.5	-789.62	-282.86
45.5	-855.27	-285.10
53.5	-905.97	-291.55

结构A在40℃时的路表压应变　　表4-11

轮载（kN）	路表压应变（8km/h）（με）	路表压应变（105km/h）（με）
35.5	-10 945.10	-3 575.88
45.5	-11 383.25	-3 878.44
53.5	-11 689.70	-4 107.35

采用沥青层顶部的压应变作为沥青结构层车辙潜力的标志。在低温时，轮胎荷载所引起的路表压应变相对较小，且随着荷载的增大，路表压应变增加不太明显。然而，随着温度的升高，路表压应变显著增大，且随着荷载的增大，路表压应变增加明显。因此，在高温且轮载较大时，沥青结构层车辙损伤更为明显。

类似地，表4-12所示为沥青混合料温度为25℃时，三个不同轮载在结构B、C及D这三种不同沥青结构层厚度下潜在的沥青混合料车辙。由表4-12可知，随着路面厚度的增大，路表压应变增加并不明显，因此，沥青层厚度的增加，对沥青混合料车辙损伤影响不大。

不同沥青层厚度25℃时的路表压应变（8km/h）　　表4-12

轮载（kN）	路表压应变（90mm）（με）	路表压应变（150mm）（με）	路表压应变（320mm）（με）
35.5	-293.09	-330.77	-349.10
45.5	-298.91	-338.30	-360.43
53.5	-303.52	-341.78	-367.34

另外，本研究认为，沥青混合料车辙受沥青结构层中垂直剪应变的影响较大，任何用来预测沥青混合料车辙的先进量化模型都应该考虑把沥青混合料垂直剪应变作为其中的一个参数。

4.5.3 Top-Down 裂缝(TDC)分析

目前,还没有传递函数可用来确定引起 Top-Down 裂缝(TDC)的荷载重复作用次数。在本研究中,把 Top-Down 裂缝(TDC)当作发生在表面或靠近表面的一种特殊疲劳裂缝形式,并用轮胎荷载在表面或沥青层内引起的临界应变来预测 Top-Down 裂缝(TDC)潜力。沥青结构层内垂直面的临界剪应变与路表面最大拉应变相比,路表面最大拉应变小于浅深处的临界剪应变(所有温度下),表 4-13 所示是结构 A 在不同温度和车速情况下的应变情况。由表 4-13 可知,由于沥青混合料在温度低时比温度高时要硬,所以低温时应变间的绝对差异最小。随着温度的升高,临界垂直剪应变明显大于路表面拉应变,这进一步说明剪应变是路表面损伤的一个主要原因。从上面的分析可知,临界剪应变一般位于 30 ~ 50mm 深度处,因此,损伤很有可能是始于临近路表的浅深处。

轮载作用下临界应变的相关比较　　表 4-13

温度(℃)	轮载(kN) ＼ 车速(km/h) 应变(με)	8		105	
		临界垂直剪应变	路表最大拉应变	临界垂直剪应变	路表最大拉应变
5	35.5	44.27	31.07	52.58	40.85
	45.5	44.43	32.86	64.73	36.59
	53.5	53.56	33.79	73.51	35.13
25	35.5	244.19	163.45	130.55	75.76
	45.5	276.12	180.67	121.30	80.39
	53.5	366.70	188.27	157.73	81.09
40	35.5	2 351.21	1 314.55	994.26	442.18
	45.5	2 527.79	1 461.49	1 108.60	502.31
	53.5	3 275.33	1 532.40	1 467.45	533.56

从表 4-13 中还可以看到,在其他条件相同时,低速时的应变均大于高速时的应变;在相同速度下,随着温度的升高,临界剪应变和路表最大拉应变显著增大;并且在相同条件下,荷载越大,相应的应变也越大。这说明沥青路面的路表损伤很有可能出现在温度较高时,并且低速和轮载较大时损伤会加剧。也就是说,Top-Down 裂缝(TDC)最有可能始于胶浆结合力较弱或路面温度较高的时候,因此,对车辙敏

感的混合料也对裂缝敏感；而在低温时出现 Top-Down 裂缝（TDC）的可能性较小，甚至根本就不会出现。

为了进一步说明厚沥青层路面的表面损伤，表 4-14 给出了结构 B、C 及 D 三种沥青层厚度情况下，临界垂直剪应变与表面最大拉应变间的比较。由表 4-14 可知，垂直剪应变始终大于路表面最大拉应变，这也进一步说明剪应变在路表损伤中的重要性。

不同沥青层厚度的临界应变（8km/h）　　表 4-14

轮载（kN） \ 应变（με） \ 沥青层厚（mm）	90		150		320	
	临界垂直剪应变	路表最大拉应变	临界垂直剪应变	路表最大拉应变	临界垂直剪应变	路表最大拉应变
35. 5	348. 22	254. 25	284. 36	189. 19	255. 84	169. 38
45. 5	390. 63	279. 27	321. 16	211. 31	286. 95	188. 77
53. 5	433. 82	291. 73	361. 10	225. 92	315. 77	201. 69

从表 4-14 中还可以看到，随着厚度的增加，两种临界应变均出现减小的趋势，所以厚沥青层路面的表面损伤要好于薄沥青层路面。

第5章　沥青混合料损伤的多尺度模拟分析

通过前面几章的论述可知,厚沥青层路面的主要损坏模式是:沥青混合料车辙、路基车辙以及沥青混合料疲劳裂缝。目前,厚沥青层路面的厚度设计程序一般为:通过认真的材料选择、混合料设计和有关标准控制措施使沥青混合料车辙及热裂缝问题便利地得到解决;通过限制沥青层与路基接触处的路基应力比(路基偏应力与路基无侧限抗压强度之比 σ_d/q_u 至一个可接受的水平来控制路基车辙。沥青混合料层底的最大水平拉应变(ε_{HMA})与疲劳裂缝有直接关系,减小 ε_{HMA} 可以相应地增加疲劳寿命。因此,在厚沥青层路面中的关键设计参数是沥青混合料层底的水平拉应变。

按照前面的论述,长寿命路面的特征为:无结构性破坏,除表面层外无结构性车辙破坏;由于沥青层底水平拉应变小于耐久极限应变,所以不会出现由下而上的疲劳裂缝,由上而下的 Top-Down 疲劳裂缝(TDC)将是长寿命沥青路面(厚沥青层路面)的主要裂缝形式。由于长寿命沥青路面的破坏模式与传统沥青路面破坏模式不一样,其路面破坏仅出现在路表面。因此,路面车辙和 Top-Down 疲劳裂缝(TDC)即为长寿命沥青路面的主要破坏模式。Top-Down 裂缝(TDC)是沥青路面的一种新型破坏形式,是一种会明显缩短路面服务寿命、降低路面质量的严重裂缝类型。然而造成 TDC 的原因是很复杂的,关于如何控制其发展,进而减小其对路面结构造成的损害,还有许多问题需要进一步的分析研究。

除了上述提到的轮胎荷载作用是 TDC 及路面车辙产生的主要原因外,材料性能也是很重要的。例如,几乎没有任何有关水泥混凝土在轮胎下或轮胎边缘的 TDC 及路面车辙案例的报道,即使加载方式和轮胎形状都是相同的。由此,一个直观的理论推测可能更容易理解,即水泥的黏结强度比沥青混合料大得多,这种推测是基于细观力学和材料的细观结构理论的。从材料方面来看,沥青混凝土在结合料性能上是不同于普通硅酸盐水泥混凝土,沥青混凝土中软且热敏感的结合料造成了许多诸如车辙、疲劳裂缝、低温裂缝及水损害等病害。目前大量的研究都采用连续力学方法,这种方法不能完全说明材料的结构,且不便于用来确定导致TDC及路面车辙的内部原因。然而,细观力学可以更详细地说明材料的细观结构,并且可以更有效地用来研究TDC及路面车辙的机理。

众所周知,沥青混合料是一种由任意分布的集料颗粒和非弹性胶浆组成的复合材料,这种胶浆的性能会受环境荷载、热荷载和力荷载的影响而衰减。沥青混合料总体上表现出极为复杂的力学行为及许多不同的破坏模式,而其宏观行为所表现的不规则性、不确定性、模糊性、非线性等特征,正是其微观结构复杂性的反映,其内部结构特征与其力学行为和耐久性有着密切的联系[126]。可以认为,沥青混合料变形与强度的宏观规律和其细(微)观结构是直接相关的,通过微观的试验研究,可以更清楚地认识到宏观机理,从而可以更准确地把握宏观规律,微观与宏观有机结合可以使沥青混合料的研究走上新的台阶。

目前有关沥青混合料力学性能的研究,大都是建立在试验研究的基础上,需要花费大量的人力、物力,所得到的试验结果又往往囿于试验条件、环境条件等的变化及材料本身的复杂性而相对离散,难以反映实际沥青混合料的真实力学性能指标。因此,从沥青混凝土的细观结构入手,利用细观力学的研究方法,抓住沥青混凝土材料及其力学性质的非均匀性,结合理论和试验结果,建立数值模型,对沥青混凝土材料的力学性能和破坏过程进行研究,已成为国内外学者研究沥青混凝土材料力学性能的主要研究方法之一[127-128]。

近年来多尺度计算已经在岩土、航空等多个领域得到广泛应用,在解决黏弹性复合材料损伤行为方面取得了很好的效果。为了优化沥青混合料性能,可采用多尺度模拟理论来尽可能描述其微观结构变化。通过多尺度模型或其他方法,考虑小尺度现象,同时对各组成成分应用更实用的本构模型,可以更好地领会沥青混合料在各标准状态下的力学行为,此外,还可以提高对沥青混合料力学行为预测的准确度和可行度[129]。

因此,为了进一步掌握Top-Down裂缝及路面车辙变形的机理,为长寿命沥青路面设计和施工提供坚实的理论依据,本研究提出了一个从细观力学角度,同时考虑材料细观结构来研究Top-Down裂缝及路面车辙变形的研究方法。在这种方法中,沥青混凝土被当作为一种黏结起来的颗粒材料,在沥青混凝土中,胶浆的黏结材料或结合料束缚着集料颗粒。用细观力学方法来对路面在车轮荷载作用下的损伤演化进行模拟分析,也包括颗粒构造、与胶浆有关的劲度及集粒颗粒的研究。

5.1 Top-Down 疲劳裂缝(TDC)细观力学解释

5.1.1 Top-Down 疲劳裂缝图例分析

图 5-1a)给出了从材料角度理解 TDC 的一个简单图例。球体代表集料颗粒,很明显,在垂直荷载作用下,底下两个颗粒的结合料会受到拉应力的作用,其最大拉应力可以按 $T=\sqrt{3}P/6$ 计算,但是,由于周围介质的摩擦和束缚,这个最大值不可能达到。

图 5-1b)给出了材料在剪切状态下拉应变(拉应力)的算法规则,或者是所谓的膨胀机理。在图 5-1b)中,一个紧密塞满粒料的系统正受到一个张力的作用。当粒料 C 从粒料 A 处移开时,两粒料间的胶浆将处于张力状态,并引起体积的增加或膨胀。

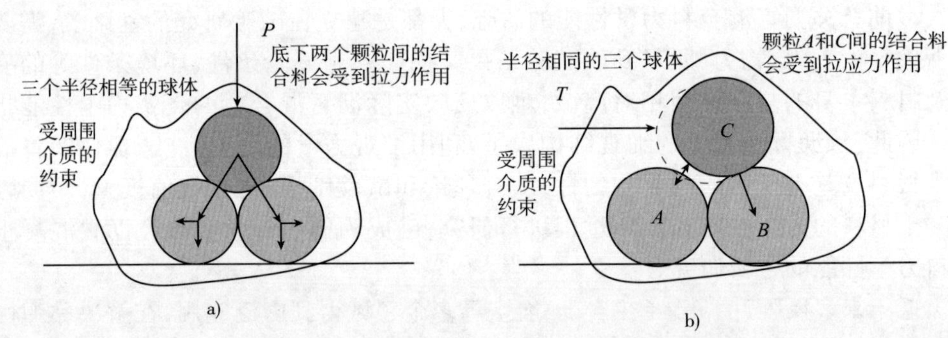

图 5-1 由压力或剪切荷载所引起的拉应力示意图

a)压力荷载引起的拉应力;b)剪切荷载引起的拉应力

图 5-1 对更好地理解 TDC 的成因具有很重要的意义:集料颗粒骨架结构和胶浆强度是影响 TDC 起始位置的两个主要因素,同时需要重复荷载作用来扩展这种裂缝。

图 5-2 所示为最大拉应力位置的一个图例,在该位置最有可能产生 TDC。由于荷载的对称性,在颗粒 2-3、3-4、4-5 间不存在拉力,最大拉力值会发生在颗粒 1-2 及 5-6 间。也就是说 TDC 很有可能始于轮胎边缘。目前有两种解释 TDC 的力学方法:一种是用线弹性断裂力学方法解释,另一种是用细观力学方法来解释。细观力学方法的优点在于它能自然地把材料的细观结构和组成成分的相关劲度、强度结合起来[130]。

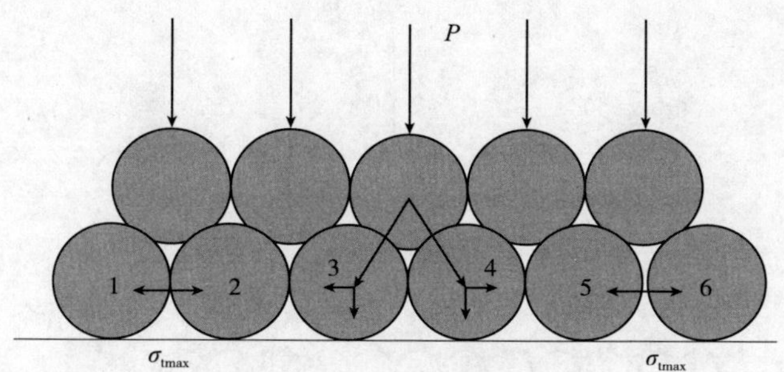

图 5-2　最大拉应力位置示意图

5.1.2　Doublet 力学解释

关于图 5-1 和图 5-2 这两个简单的图例,我们可以用一个精确的力学原理——Doublet 力学来对其进行深入的解释,在近 20 年里,该原理在颗粒材料的细观力学领域得到了显著的发展。Doublet 力学把 Bravis 晶格设想为细观结构,同时考虑其对称变形[131]。

Granik 等将一个集中紧压在一起的方形外形设想成颗粒材料相互接触且有结合料的细观结构模型,由此来解答典型的 Flamant 问题——一个半无限板受到一个集中法向力作用的边界[132]。其解析解(图 5-3 所示的细观结构模型)说明宏观应力分布与 Flamant 基于线弹性连续体模型的解答是一致的,见式(5-1)。

$$
\left.\begin{aligned}
\sigma_x &= -2Px^2y\left[\pi\left(x^2+y^2\right)^2\right]^{-1}\\
\sigma_{xy} &= 2Pxy^2\left[\pi\left(x^2+y^2\right)^2\right]^{-1}\\
\sigma_y &= -2Py^3\left[3\pi\left(x^2+y^2\right)^2\right]^{-1}
\end{aligned}\right\} \tag{5-1}
$$

然而微观应力 P_1、P_2 和 P_3(图 5-3)是明显不同的,具体见式(5-2)。

$$
\left.\begin{aligned}
P_1 &= -4Py^2(\sqrt{3}x+y)\left[3\pi\left(x^2+y^2\right)^2\right]^{-1}\\
P_2 &= 4Py^2(\sqrt{3}x+y)\left[3\pi\left(x^2+y^2\right)^2\right]^{-1}\\
P_3 &= -2Py(3x^2-y^2)\left[3\pi\left(x^2+y^2\right)^2\right]^{-1}
\end{aligned}\right\} \tag{5-2}
$$

上式中 P_1、P_2 和 P_3 是沿着接触点法线方向的微观应力,接触法线方向是指通过接触点切面的法线方向。这个接触点是指颗粒间相互接触的位置(图 5-3)。这个解决方案表明,颗粒材料的微观应力在某区域压力作用下会处于受拉状态(正表示受压)。例如,如果 $|y|>\sqrt{3}|x|$,P_3 将处于受拉状态,式(5-1)中的微观应力与连续体的受力状态是相同的。另外,微观应力会随细观结构而变,而宏观应力在式(5-1)中始终是一样的。

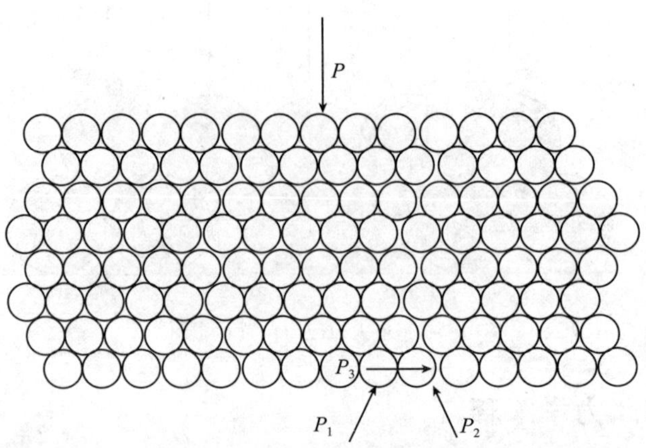

图 5-3　黏结在一起的颗粒材料微观应力分布

对于从 $-a$ 到 a 的一个分布荷载来说,位于坐标(x,y)处的微观应力可以通过式(5-3)的积分得到,式中 F_1、F_2及 F_3是在分布荷载作用下沿着 P_1、P_2及 P_3方向的微观应力,图 5-4 表示了其在荷载带下的微观应力分布。

$$
\left.\begin{aligned}
F_1 &= \int_{-a}^{a} p_1 \mathrm{d}u \\
&= \frac{2qy}{2\pi}\left[\frac{\sqrt{3}y - x - a}{(x+a)^2 + y^2} - \frac{\sqrt{3}y - x + a}{(x-a)^2 + y^2} - \frac{1}{y}\arctan\left(\frac{x+a}{y}\right) + \frac{1}{y}\arctan\left(\frac{x-a}{y}\right)\right] \\
F_2 &= \int_{-a}^{a} p_2 \mathrm{d}u \\
&= \frac{2qy}{3\pi}\left[\frac{\sqrt{3}y + x + a}{(x+a)^2 + y^2} - \frac{\sqrt{3}y + x - a}{(x-a)^2 + y^2} + \frac{1}{y}\arctan\left(\frac{x+a}{y}\right) - \frac{1}{y}\arctan\left(\frac{x-a}{y}\right)\right] \\
F_3 &= \int_{-a}^{a} p_3 \mathrm{d}u \\
&= \frac{2qy}{3\pi}\left[\frac{2x - 2a}{(x+a)^2 + y^2} - \frac{2x - 2a}{(x-a)^2 + y^2} - \frac{1}{y}\arctan\left(\frac{x+a}{y}\right) + \frac{1}{y}\arctan\left(\frac{x-a}{y}\right)\right]
\end{aligned}\right\} \tag{5-3}
$$

从式(5-3)可以推断,微观拉应力将产生在某个区域,这说明了引起 TDC 的原因。然而,这里的解析解假定了一个重复的材料结构,即基本元素(如图 5-3 中的三个圆圈)在整个材料范围是重复一样的,这与沥青混合料的实际结构不太一致。这种细观结构的不同,意味着真正的沥青混合料应力分布可能比理论上预测的要更复杂[130]。

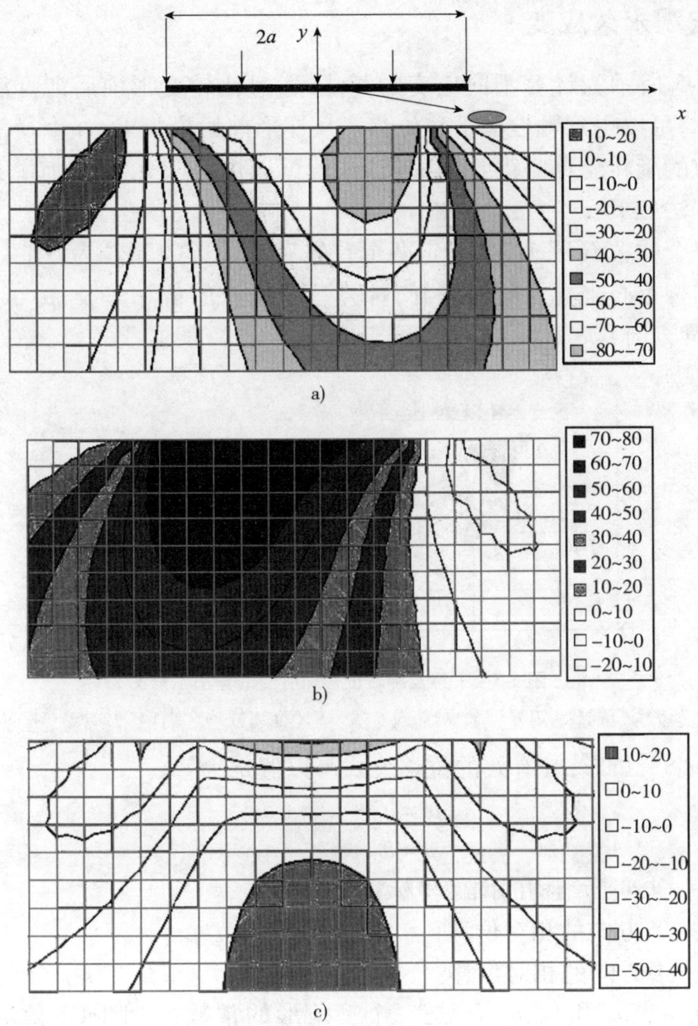

图5-4 荷载带下的微观应力分布

a)在 x-y 平面内的 F_1 应力分布;b)在 x-y 平面内的 F_2 应力分布;c)在 x-y 平面内的 F_3 应力分布

5.2 永久变形

上面介绍的微观力学原理和数学模拟表明:在压力荷载作用下,材料微观结构可能受到颗粒间接触点的微观拉应力。值得注意的是,拉力的存在不需要边缘摩擦力的存在,尽管摩擦力会增大颗粒接触点的拉应力。

5.2.1 宏观永久应变

如图5-5所示为计算不同应变的算法，通过比较变形前后沥青混合料内颗粒的重心坐标，可以得到颗粒的平移位移。从变形前后最长Feret直径的不同方位可以计算颗粒的旋转位移。得到位移值后，就可以用有限元方法计算定义的宏观应变。计算方法如下：

对每一个颗粒i(图5-5)，假定两个首先靠它最近的颗粒为j和k，利用变形到没有变形结构重心坐标之间的差异，计算三个颗粒的位移是μ_i、μ_j、μ_k、ν_i、ν_j、ν_k(i、j、k按逆时针方向)。

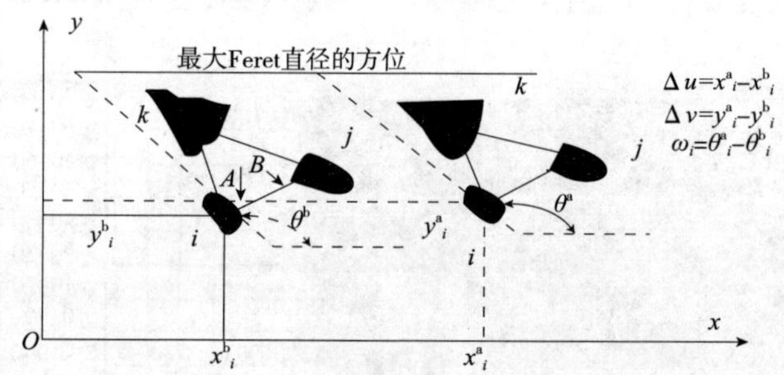

图5-5　平移及旋转位移和应变的算法示意图

注：图中A为ij线与颗粒i边界的交点；B为ij线与颗粒j边界的交点；a为变形后；b为变形前。

对于一个三角形，其有效的位移公式可以假定为：

$$\mu = a_0 + a_1x + a_2y \tag{5-4}$$

$$\nu = b_0 + b_1x + b_2y \tag{5-5}$$

式中：x、y——未变形结构的图像坐标；

μ——X方向的相对位移；

ν——Y方向的相对位移。

另外，a_0、a_1、a_2和b_0、b_1、b_2是一个三角形的常数，一般随三角形的变化而变化。这些常数可以由式(5-6)和式(5-7)表示：

$$\begin{vmatrix} 1 & x_i & y_i \\ 1 & x_j & y_j \\ 1 & x_k & y_k \end{vmatrix} \begin{Bmatrix} a_0 \\ a_1 \\ a_2 \end{Bmatrix} = \begin{Bmatrix} u_i \\ u_j \\ u_k \end{Bmatrix} \tag{5-6}$$

$$\begin{vmatrix} 1 & x_i & y_i \\ 1 & x_j & y_j \\ 1 & x_k & y_k \end{vmatrix} \begin{Bmatrix} b_0 \\ b_1 \\ b_2 \end{Bmatrix} = \begin{Bmatrix} \gamma_i \\ \gamma_j \\ \gamma_k \end{Bmatrix} \tag{5-7}$$

对于小变形,可以按照式(5-8)、式(5-9)和式(5-10)来计算应变:

$$\varepsilon_x = \frac{\partial \mu}{\partial x} = a_1 \tag{5-8}$$

$$\varepsilon_y = \frac{\partial \nu}{\partial y} = b_2 \tag{5-9}$$

$$\varepsilon_{xy} = \frac{\left(\frac{\partial \nu}{\partial x} + \frac{\partial \mu}{\partial y}\right)}{2} = \frac{(b_1 + a_2)}{2} \tag{5-10}$$

5.2.2　沥青胶浆的永久应变

前面提出的宏观应变是指平均应变,这是由于在三角形里假定了一个统一的应变场。而实际上,集料颗粒不会变形,变形发生在沥青胶浆(由沥青和矿粉组成的混合料)中。该假定在评价沥青混凝土的整体变形性能方面还是有用的,然而,掩饰了真正的微应变行为。为了更好地理解沥青混凝土的微观结构行为,研究微应变是再合适不过了。发生在胶浆内的应变是评价沥青混凝土车辙和疲劳应变的重要参数。由于胶浆性能依赖于应变速率和应变水平,所以测试胶浆内的永久应变对沥青混凝土力学性能的分析和试验评价是有利的,同时对研究 TDC 及车辙变形机理也很重要。

通过分析图 5-5,可以将颗粒 i 相对于颗粒 j 的位移分解成两部分。

(1)沿着 AB 的部分:

$$\Delta\mu_n = (\mu_i - \mu_j)\cos\theta + (\nu_i - \nu_j)\sin\theta \tag{5-11}$$

(2)垂直 AB 的部分:

$$\Delta\mu_t = -(\mu_i - \mu_j)\sin\theta + (\nu_i - \nu_j)\cos\theta \tag{5-12}$$

式中:μ_i、μ_j、ν_i、ν_j——颗粒重心位移的 x 部分和 y 部分;

θ——AB 相对于 x 轴的转角。

由于颗粒本来就是刚性的,所以实际变形只会发生在胶浆内。因此,必须用相对位移和 A、B 之间的距离来计算颗粒间胶浆的应变大小。

沿着 AB 胶浆内平均应变为:

$$\varepsilon_n = \frac{\Delta\mu_n}{H} \tag{5-13}$$

胶浆内平均剪切应变为:

$$\gamma = \frac{\Delta\mu_t - \omega_i\gamma_i - \omega_j\gamma_j}{H} \tag{5-14}$$

式中:γ_i——从颗粒中心到一个交点(比如 A)的距离;

ω_i——颗粒转角（逆时针方向为正）；

H——A、B 间的距离。

由于连接两个颗粒重心的矢量在交点（比如 A 和 B）不一定垂直于颗粒表面，所以位移垂直于矢量。而且剪切应变仅仅是一个近似值，在 A、B 间的标准应变和剪切应变都是平均值。

另外，式(5-11)和式(5-12)分别与颗粒的移动和转动有关，说明它包括微观变形。

5.3 基于多尺度模拟的沥青混合料损伤分析

永久变形是沥青路面的一个主要破坏类型，它主要由沥青混合料中的剪切破坏而引起，而沥青混合料的剪切强度是由沥青结合料提供的黏结力和集料间的嵌挤作用决定的。

关于沥青混合料永久变形研究，目前主要有两个方法用于永久变形建模，即：连续建模方法和微观力学建模方法。连续模型的优点是，一旦知道材料特征，就可通过不同边界条件下的有限元分析模拟材料响应和材料性能。然而，在这些模型中明显没有考虑有关微观结构初始分布的详细信息及其演化。相反，微观力学模型可以考虑微观结构分布和微观结构成分的相互作用；但这种方法局限于微观结构的实际几何建模，理想化的集料形状通常用于这些模型中。另外，建模中，对于沥青混合料各成分间的相互作用采用了简化的假设。

如果在用数量函数形式对微观结构进行量化和连续本构模型中的定向分布张量基础上，开发一种用于颗粒状材料建模的方法，那么，这将会是一种很有潜力的方法。它不仅在数值模拟的基础上继承了连续建模的优点，而且同时考虑了微观结构分布对材料宏观响应的影响。

沥青路面是由散布集料、沥青及空隙组成的复合材料，它们的本构行为由这些组成成分的相互作用而确定。这类材料的承载行为及由此引起的破坏主要依赖于材料各组成成分自身及其相互作用机制。

一直以来，道路工程界认为重复交通荷载及气候条件对沥青混合料作用而引起的永久变形是路面最主要病害之一。

(1)永久变形的原因和机理

沥青路面的永久变形在沿着车轮路径的沉陷中表现出来，近些年来，随着我国公路交通的不断发展，永久变形被认为是我国公路和机场跑道所有沥青路面病害中最严重的问题，其次是疲劳裂缝，再其次是热裂缝。

沥青混合料的变形是一种复杂的现象，因为集料、沥青及集料—沥青接触界面等特性控制着其整体性能，这些特性随时间而改变一直到该混合料达到其设计寿命为止。

车辙预测需要知道沥青混合料应变与应力有关的材料特性，随着重复荷载作用次数的增加，车辙逐渐加大。正如美国战略公路研究计划（SHRP）总结的一样，车辙主要是由各种交通荷载作用下的重复剪切变形引起的。根据前面章节的分析，以荷载大小、胎压以及交通量形式的加载条件、温度形式的环境条件、集料特性（形状、纹理构造和结构）及沥青结合料类型形式的沥青混合料特征是抵抗车辙的主要因素。也就是说可以把车辙作为荷载和环境条件的一个函数来看待。

永久变形是压密（体积减小）和剪切变形联合形成的结果，从车辙试验可以知道，路面车辙在沥青混合料中有两个发展阶段：开始的初始阶段是在交通荷载作用下路面结构层内的竖向永久变形累积，轮胎下这种不可恢复变形的增长量明显大于其在隆起区内的增长量。其次，紧接着初始阶段，轮胎下面体积减小量约等于临近隆起区的体积增长量。这意味着交通荷载下完成的压实占绝大部分，而进一步的车辙实质上是由材料位移引起的。

引起车辙的原因是三种内在机制中的能量耗散造成的，即：

①克服集料（被沥青裹覆）间的摩擦。

②克服集料间的嵌锁，其与材料膨胀有关。

③克服沥青结合料间（凝聚）和沥青与集料间（黏附）的黏结。

（2）连续介质方法

尽管沥青混合料本质上是一个多元相互作用的、离散型复合材料，但连续统一体概念已经在理论上得到接受。它允许采用变形的力学原理表示法，比如应力和应变。应力和应变可以用一个本构方程连接在一起。如果加入平衡方程和边界条件，本构方程可从解析法或数值法上来评价路面结构响应。

沥青混合料总应变包括可恢复部分和不可恢复部分，其中有些与时间有关，有些与时间无关。沥青混合料蠕变试验的总应变由四个应变成分组成，即：

$$\varepsilon = \varepsilon^{e} + \varepsilon^{ve} + \varepsilon^{p} + \varepsilon^{vp}$$

式中：ε——总应变；

ε^{e}——弹性应变，它是可恢复变形，并与时间无关，在此期间，材料不会出现永久变形；

ε^{ve}——黏弹性应变，是可恢复变形，并依赖于时间；

ε^{p}——塑性应变，是不可恢复应变，并不依赖于时间；

ε^{vp}——黏塑性应变，是不可恢复应变，并依赖于时间。

总之,黏性成分取决于荷载的持续时间和加载/卸载的速率。无论加载/卸载的速率如何,相同加载历史得到的永久应变大小是一样的。因此,热拌沥青混合料行为在低温和/或快速加载时从弹性和线黏弹性变化到非线性黏弹性、黏塑性状态,并在高温和/或慢速加载时变化到塑性状态。

瞬时响应代表时间无关的那部分,而黏性响应代表时间有关的那部分。每个部分的相对贡献取决于温度和加载条件。车辙是由黏塑性变形引起的。

连续介质模型的优点是计算简单,并且一旦知道材料特性,就可以采用有限元分析进行静态和动态荷载作用下材料行为的模拟,从而预测沥青混合料行为。

然而,在连续介质方法中,当用一组材料特性来描述材料响应时,仅知道边界应力应变,而不知道其在材料内部不同位置的恰当分布,也就没有诸如微观结构初始分布和宏观行为演化等颗粒特性的详细信息。沥青混合料的多相不均匀性本来就很复杂,而经典连续介质理论不可能把这些性质体现到宏观响应中去。

(3)细观力学方法

与连续介质方法相比,细观力学方法正在用来进一步预测不同荷载条件下的沥青混合料行为。细观力学模型考虑细观结构分布、组成成分特性以及集料与沥青间的相互作用,因此,微观力学模型能包含绝大多数制约沥青混合料性能的重要因素。

国内外研究表明,室内试验在研究沥青混合料组成特性对其宏观响应影响方面已经取得了显著的进步,这些研究反映了一些诸如集料特征(大小、形状、纹理及方位)、结合料特性以及空隙率等因素的影响。

目前用来研究不同组成成分间相互作用和它们对宏观特性影响的沥青混合料微观结构数值表达主要有两种方法:一种是离散元方法(DEM),另一种是有限元方法。

有限元分析方法是用不同本构模型把单个组成用来分析沥青混合料微观结构,在这些模型中,微观结构要么对其做一些假设来表示一些理想化的分布,要么通过图像或X-射线断层图像处理技术来捕获。研究表明,有限元分析可用于提供微观结构内应力应变分布信息,图像相关技术可用于计算微观结构内的应变分布,并可以把它与室内试验测得的应变分布结果进行比较。有限元分析加上图像处理技术可用来模拟沥青混合料微观结构黏—弹性应力应变行为。

总之,微观力学模型直接考虑了沥青混合料建模中诸如集料尺寸影响、接触、方位及嵌锁等微观结构几何特征,也明确提供了材料变形时微观结构变化对材料响应影响的信息。然而,这种方法不能模拟材料微观结构的实际几何特征或各组成成分间的相互作用。这种方法在微观结构特征与宏观响应关系方面是颇有价值的，但是，它要耗费巨大计算时间，基于此，对性能预测模型，它既不适用也不可靠。

我们知道，所有材料都不止一个尺度，至少一个分子尺度和一个连续介质尺度。从工程观点来看，异构材料可取，因为它们可以经合适的设计来充分利用各组成成分的独特特征。

一方面，研究这样复杂的异构材料，需要合理地了解其所有组成间的相互作用，并将这种相互作用演变为内部边界（空隙、缺陷及裂纹）以及对整个材料行为的影响；另一方面考虑每个细节，尤其是几何细节，在较小尺度上的计算工作是不切实际的。

对包含异构介质的力学问题尽管已有一些分析解，但他们仅是针对简单的几何问题和材料行为的，因此常需要数值解。然而以目前可用的计算机计算能力直接进行所有异构材料的数值模拟是不合理的。

这些局限使得研究人员和工程师去寻找可解释异构材料的分层结构而不必模拟每个微观结构细节的替代方法。一个最有前景的方法是所谓的多尺度建模，它克服了同时模拟所有异构性和由于尺度分开假设引起不精确的计算问题。

多尺度模型的目的是对所有尺度进行模拟分析，然后通过每个连续小尺度行为确定一个尺度的有效本构行为，这样，只有单个组成成分的材料特性和裂缝特征需要首先知道。

沥青混合料是一种由集料（胶结料包裹的）组成的、典型的多相复合材料，由于存在下列多种复杂状况：非均匀性、各向异性、非线性的非弹性以及多种形式下的损伤发展，因此，如何掌握沥青混合料的力学行为，一直以来是路面工程领域的一大挑战。如果可能的话，需要弄清楚和精确地模拟每个混合料组成成分所起的作用以及它们对整个混合料本构行为的影响。这是重要的，因为该模型将帮助道路工作者清楚地了解小尺度变量（诸如沥青玛蹄脂膜厚、混合料的空隙、集料的大小和分布、混合料中的矿物添加剂、沥青玛蹄脂的体积部分等）对整个与损伤相关的响应和大量混合料及结构寿命的力学影响。因此，清楚地了解小尺度变量将有助于工程技术人员更恰当地选择混合料组成成分和改进目前的混合料体积设计理念、材料模型及性能模型，以便生产出高性能、耐久的沥青混合料和路面。

细观力学计算模型在解决上述问题方面已经显示了其非常多的用途。然而，沥青材料通常包含大量不规则形状、随机取向的集料颗粒，以及大量潜在的裂纹点，这些裂纹点需要一个具有巨大自由度的高度加细网格。解决这样一个问题需要花费大量的计算时间，并且以目前可用的计算能力，这基本上是行不通的。因此,迫切需要一个能表示微观结构细节且仅仅只有一定计算量的可靠模型。

正如许多文献资料中提到的那样,在力学领域引起足够重视的一种方法是多尺度建模方法。在多尺度方法中,对宏观整体内的每个较小结构尺度进行单个分开尺度分析。如果在任何小尺度上得到了满意的统计均匀性,那么就可用均匀性原则建立场方程,并用在下一步大长度尺度上。还可以通过对该分析植入适当类型的裂缝/损伤力学模型,在每个长度尺度上对损伤进行明确地表述。因此,多尺度模型通过采用每个组成成分的基本结构特性,同时在相对较少的计算量情况下,就可更精确地预测结构行为。多尺度建模理念可以应用于沥青混合料,因为沥青混合料是由粒料和裂纹组成的明显异构体,而在较小尺度上可以确定统计上的匀质代表体积元。

至今,多尺度理念还很少应用于沥青混合料和路面系统。由于异构性,在沥青材料和路面中发现有多尺度损伤的非弹性特性,显然,多尺度建模分析在建模效率和预测能力方面占有优势。随着多尺度建模技术在沥青混合料损伤力学行为的应用,本章介绍了一个采用由细集料组成的沥青砂胶进行的间接拉伸试验,并用多尺度模型对该试验进行模拟。通过大尺度模拟与试验结果相比较,来评价模型的适用性。

采用细观力学模型,对于沥青混合料来说不需要一套新的试验,因为建模方法是基于每个混合料成分的单个材料性能和破坏性能。此外,微观力学方法有一个独特的特点,就是它是基于代表体积元(Representative Volume Element,简称 RVE)概念,一个大尺度异构性沥青混合料的力学分析可以合理地转换为一个小尺度异构体(一般指 RVE),因为所选择的尺度足以反映大尺度异构体的整体行为。借助于已有的计算技术,微观力学建模方法通常用来解决复合材料极为复杂的几何特征及正如黏弹性那样的非弹性力学行为。Guddati 等人曾提出用一个基于网格的微观力学模型来描绘沥青混凝土破坏性能特征[133],通过采用随机网格,他们模拟了在间接拉伸试验条件下,沥青混合料处于弹性状态时的损伤演化和裂纹扩展,从网格计算模拟得到的宏观裂纹模式与试验样本观测到的吻合良好。Soares 等人曾进行了基于计算微观力学建模的尝试[134],这种方法想利用有限元法来模拟沥青混合料中集料颗粒的非均匀特征,考虑了沥青结合料和粗集料的弹性特征,并且通过引入界面元素间裂纹扩展来模拟损伤演化,采用了 Trergaard 在 1990 年用于模拟界面元素间裂纹扩展而确立的与黏结区无关的裂缝模型。

图 5-6 所示的有限元模型表示了一般沥青混合料两个不同的状态:白色象征粗集料颗粒;黑色(玛碲脂)象征一个由沥青结合料、空隙率、细集料及矿粉的结合体。

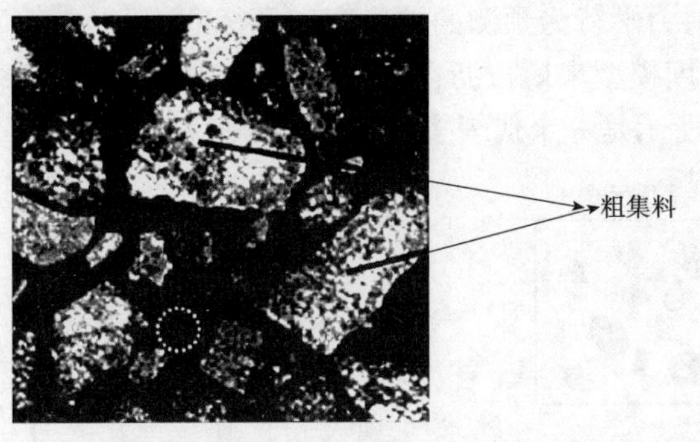

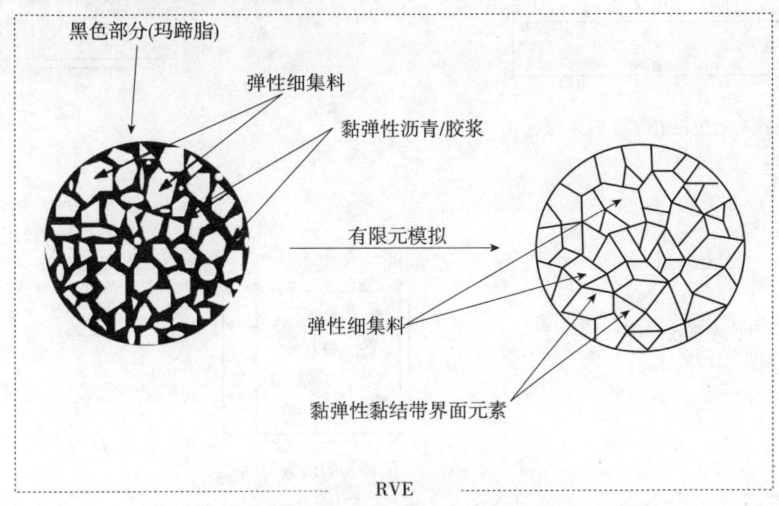

图5-6　密集配沥青混凝土及其代表有限元模型

注:包括反映损伤演化的黏结带界面元素。

疲劳裂缝和车辙一直是沥青路面损害的主要原因,它们与小尺度现象有关,诸如在结合料与集料间的应力集中和由于微裂缝及沥青结合料的黏弹性而引起的能量耗散。

因此,疲劳裂缝和车辙都受小尺度特征的影响。如沥青含量、形状大小、分布及集料百分率、结合料与集料界面的性能等。然而,如果减少沥青的用量可能会降低混合料车辙敏感性,由此带来的空隙率增加会加大混合料对裂缝的敏感性。混合料设计人员应找出混合料的最终沥青用量及空隙率,以便为生产应用提供一个最佳性能的混合料。

所以,通过多尺度模型或其他方法,考虑小尺度现象,同时对各组成成分应用更实用的本构模型,可以更好地理解沥青混合料在各标准状态下的力学行为,此外，还可以提高对沥青混合料力学行为预测的准确度和可行度。

本章采用一个计算多尺度模型来模拟沥青混合料受单荷载和重复荷载作用下力学行为的可能性。图 5-7 所示是一个代表多尺度分析的图解。

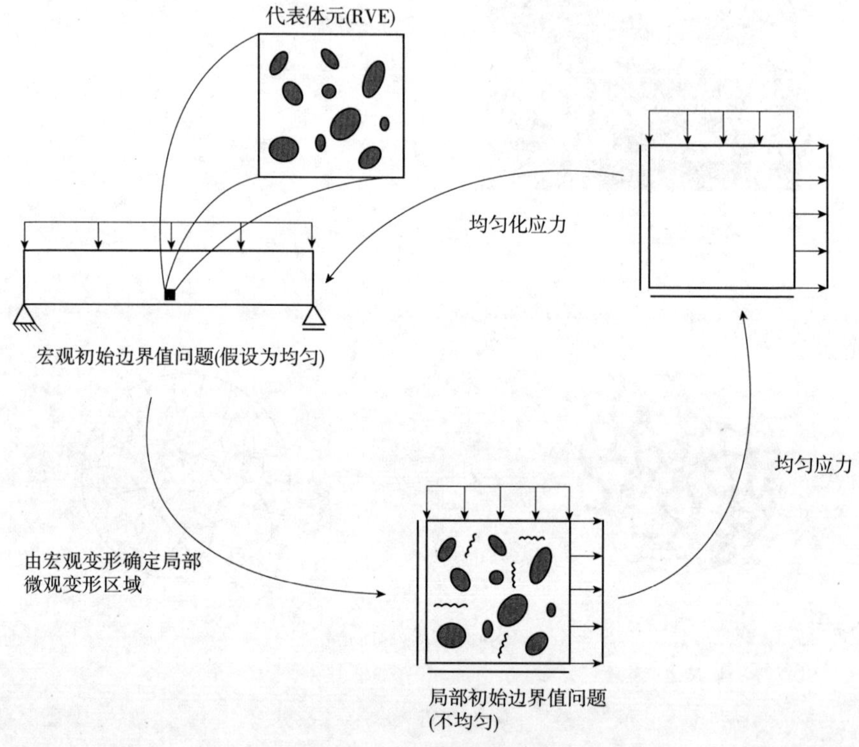

图 5-7　多尺度分析的图解

5.3.1　沥青混合料细观尺度代表体积元(RVE)及本构模型

1)沥青混合料细观尺度代表体积元(RVE)

在宏观尺度里，沥青混合料被当作一个均质非线性黏弹性介质。但是在局部细观尺度区域里，线弹性集料和一个线性黏弹性玛蹄脂组合成了一个非均质材料。在宏观尺度区域试验观察到的非线性行为是局部细观尺度试验观察到的微裂缝扩展结果。用微(细)观力学黏弹性区模型可以模拟微观裂缝。

经典微(细)观力学的模式是多尺度的力学结构：宏观尺度、细观尺度和微观尺度，在宏观尺度中，连续介质是由许多物质点所组成，而每一个物质点内相关的微观空间包含许多微观元素，它实际上是一个微观连续介质。如果材料在宏观尺度上是统计均匀的，那么，为了研究材料的性能，我们可以只研究任一个典型的局部细观尺度即可，而与该局部细观尺度相关联的微观空间称为代表性体积单元[RVE，图 5-6]，代表性体积元是微(细)观力学中的一个基本概念，没有固定的长度尺寸。从宏观上讲其尺寸足够小，可以看作一个物质点，因而在 RVE 中的宏观应力、应变场可视为均匀的；从微观角度上讲，其尺寸足够大，应该包含很多微观元素和足够多的微观结构信息，以便使它可以代表局部连续介质的统计平均性质，而在 RVE 中的微观应力应变场只通过它们的体积平均值对材料的宏观性能产生影响。值得注意的是，这里用的计算多尺度模型是建立在有限元基础上的，宏观水平与微、细观水平的尺度是相对的。

沥青混合料一般是由粗集料及沥青玛蹄脂组成，玛蹄脂是一个沥青结合料、空隙率、细集料及矿粉的结合体。玛蹄脂的质量对整个沥青混合料的损伤和破坏有很大影响。由于损伤起始于如玛蹄脂中微裂纹那样的微观损伤，因此，如果能较好地预测影响玛蹄脂的损伤行为并把玛蹄脂材料改善成抗损伤和抗裂的材料，则混合料的性能就可以得到改善。为此，可以把玛蹄脂材料模拟为一种主要由黏弹性沥青结合料(或由沥青和矿粉组成的胶浆)和弹性细集料组成的特殊复合材料。

2)本构模型

多尺度模型是均质理论的一个分支，而均质理论可以作为本构模型的一类。这种本构模型是在各组成成分的几何特征和构造行为基础上来预测非均质材料的宏观行为。宏观行为取决于微观力学边界值问题的解答和通过匀质技术对力学影响域平均数的计算。尤为值得注意的是：由于代表体元(RVE)是能精确代表材料宏观行为的最小体积，因此，微(细)观力学边界值问题一般是通过代表体元(RVE)来表述和解决。

在多尺度模型中，其宏观分析与通常情况下的分析一样，但是每次均需要有关材料本构行为的信息，以便明确解决微观力学边界值问题。另外，在多尺度模拟宏观分析中，不需要确定匀质化材料性能。

一旦解决了微观力学边界值问题，其微观问题，尤其是应力，可通过平均定理使其均匀化，从而回到宏观问题[129,135]，如式(5-15)所示。

$$\bar{f} = \frac{1}{\nu}\int_{\nu} f \mathrm{d}\nu \tag{5-15}$$

式中：$\bar{f}$——f 的体积平均值(等于宏观尺度下的 f 函数)；

f——局部微观下的函数；

ν——代表体元(RVE)的体积。

采用有限元方法进行宏观分析的情况下,对有限元网格每个选定的结合点都必须进行相应的局部微观分析。

多尺度分析和其他细观力学模型的主要优点是:在解决细观力学问题后可以见到小尺度物理现象,可以进一步了解局部细观尺度的发展机理。因而,多尺度分析和其他力学模拟为更好地评价这种机理对宏观整体性行为的影响和防止材料在服务期间的早期破损提供了可能。另外,一旦确定了材料组成成分的单个材料性能,材料组成成分分布和每个体积单元及由此产生的合成材料有效性能就可以通过计算来确定,从而不必进行大量的室内试验。

在应用本构模型过程中,把沥青混合料的集料和大部分胶浆分别当作线弹性和线性黏弹性材料来考虑。在裂纹尖端周围出现的损伤区是离散非线性黏弹性材料。用细观力学黏弹性黏结区模型来描述结合料之间和黏合料与集料之间界面的裂缝形成和扩展。黏结区模型的优点是:它可以从已有裂缝和普通表面来分析裂缝的发展过程,对二维问题的黏结区模型可以用式(5-16)来表示[136-137]:

$$T_i(t) = [1-\alpha(t)]\left[\sigma_i^f + \frac{1}{\delta_i}\int_0^t E^c(t-\xi)\,\frac{\partial u_i(\xi)}{\partial \xi}\mathrm{d}\xi\right] \quad (i = n \text{ 或 } \tau) \tag{5-16}$$

式中:$T_i(t)$——黏结区的平均牵引力;

$u_i(t)$——黏结区位移;

δ_i——黏结区材料长度参数;

$\alpha(t)$——损伤发展的内部状态变量;

σ_i^f——初始黏结区所具有的应力水平;

$E^c(t)$——黏结区的线性黏弹性松弛模量;

n——法线方向;

τ——切线方向。

黏结区的线性黏弹性松弛模量 $E^c(t)$ 是通过室内松弛试验确定的,它的结果可以按式(5-17)中的 Prony 级数来替代:

$$E^c(t) = E_\infty + \sum_{j=1}^{p} E_j \mathrm{e}^{-\frac{E_j}{\eta_j}t} \tag{5-17}$$

式中:E_∞、E_j——弹簧刚度;

η_j——阻尼常数;

p——阻尼数。

阻尼常数与弹簧刚度的比率一般是指松弛时间。

用内部状态变量 $\alpha(t)$ 描绘损伤演化特征，一般可以通过破坏试验确定损伤演化规律代表黏结区损伤材料的局部平均截面积。Williams 制订了一个采用沥青结合料和胶浆拉伸破坏试验的试验方案，图 5-8 为试验示意图。随着拉力位移的增大，结合料/胶浆出现了裂纹，且形成了裂纹尖端，裂纹尖端扩展和黏结区演化用纤维形式来表示[138]。随着黏结区的发展，纤维增长，但截面积减小，纤维几何形状的变化可以用内部状态变量 $\alpha(t)$ 表示，见式(5-18)：

$$\alpha(t)=\frac{A-\sum_{k=1}^{N}A_k(t)}{A} \tag{5-18}$$

式中：A——总截面积；

A_k——k 条纤维的截面积；

N——纤维数。

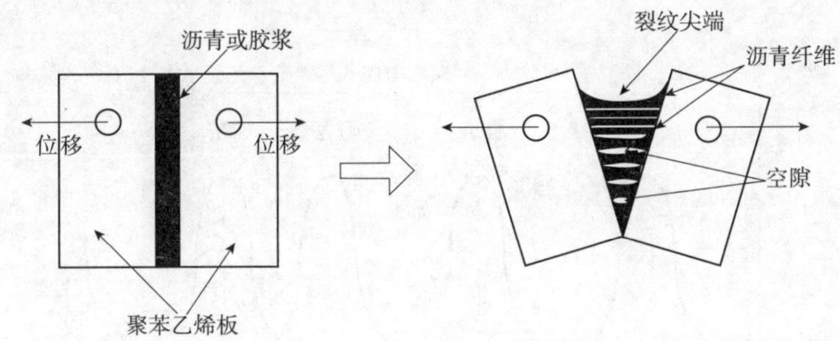

图 5-8　拉伸破坏试验示意图

通过假设每根纤维的几何形状为一个合适的圆柱，我们可以表示 k 条纤维的截面积和半径随时间的变化（包括泊松比的影响），见式(5-19)和式(5-20)：

$$A_k(t)=\pi\,(\gamma_k^0)^2\,[1-\upsilon\lambda(t)]^2 \tag{5-19}$$

$$\gamma_k(t)=\gamma_k^0[1-\upsilon\lambda(t)] \tag{5-20}$$

式中：γ_k^0——k 条纤维的初始半径；

υ——泊松比（假定与时间无关）；

λ——法向和切向行为组合的正常数。

进一步假设：整个黏结区的纤维半径分布受法向分布 $f[\gamma(t),\zeta]$ 的控制（Allen 和 Searcy2001 年），见式(5-21)：

$$f[\gamma(t),\zeta]=\frac{1}{\zeta\sqrt{2\pi}}\mathrm{e}^{\frac{-[\gamma-\gamma(t)]^2}{2\zeta^2}} \tag{5-21}$$

式中：$\gamma(t)$——时间 t 时的纤维半径平均值；

ζ——纤维半径的标准差(假定与时间无关)。

图5-9所示的是式(5-21)的图解,随着损伤的发展,平均纤维半径和分布曲线将相应地移动到左边,这是由于所有纤维在损伤作用下变得更薄。分布曲线最终会通过一个被称为临界纤维半径$\gamma_{c\gamma}$的边界,曲线下的面积及临界纤维半径的左边代表纤维破裂或损伤的程度,因此得出了式(5-22)所示的内部状态变量$\alpha(t)$,以此来代替式(5-18):

$$\alpha(t) = 1 - \int_{\gamma_{c\gamma}}^{\infty} f(\gamma(t), \zeta) \mathrm{d}\gamma \tag{5-22}$$

将式(5-20)及式(5-21)代入式(5-22),得式(5-23):

$$\alpha(t) = 1 - \frac{1}{\zeta\sqrt{2\pi}} \int_{\gamma_{c\gamma}}^{\infty} \mathrm{e}^{\frac{-\{\gamma - \gamma^0[1 - v\lambda(t)]\}^2}{2\zeta}} \mathrm{d}\gamma \tag{5-23}$$

式中:γ^0——初始纤维的平均值。

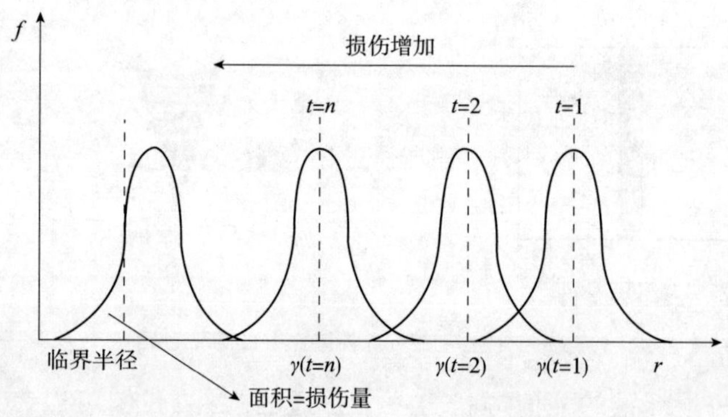

图5-9　代表纤维半径减小及黏结带演变的概率分布(正态分布)图形

5.3.2　数值计算模拟和有限元公式

式(5-16)把黏结区模型的黏弹性构造表示为一个依赖时间和历史的积分,试图用公式把黏弹性构造表示为一个计算有限元模型。假设已知时间t时的牵引力,并求时间$t+\Delta t$时的牵引力,则在时间t及$t+\Delta t$之间黏结区牵引力差ΔT_i可以用式(5-24)表示:

$$\Delta T_i = k_{ij}\Delta u + \Delta T_i^{\mathrm{R}} \tag{5-24}$$

其中

$$k_{ij} = \frac{[1 - \alpha(t+\Delta t)]}{\delta_i}[E(\Delta t)] \tag{5-25}$$

$$\Delta T_i^{\mathrm{R}} = \frac{[1-\alpha(t)]}{\delta_i}\left[-\sum_{j=1}^{p}\left(1-\mathrm{e}^{-\frac{E_j}{\eta_j}\Delta t}\right)\sigma_j(t)\right] - \frac{\Delta\alpha}{\delta_i}\left[E_\infty u_i(t) + \sum_{j=1}^{p}\sigma_j(t) - \sum_{j=1}^{p}\left(1-\mathrm{e}^{-\frac{E_j}{\eta_j}\Delta t}\right)\sigma_j(t)\right] + (-\Delta\alpha)\sigma_i^f \tag{5-26}$$

$$E(\Delta t) = E_\infty + \frac{1}{\Delta t}\sum_{j=1}^{p}\eta_j\left(1-\mathrm{e}^{-\frac{E_j}{\eta_j}\Delta t}\right) \tag{5-27}$$

$$\sigma_j(t) = \mathrm{e}^{-\frac{E_j}{\eta_j}\Delta t}[\sigma_j(t-\Delta t)] + \frac{\Delta\lambda}{\Delta t}\eta_j\left(1-\mathrm{e}^{-\frac{E_j}{\eta_j}\Delta t}\right) \tag{5-28}$$

如果把黏结区指定为一种线弹性材料,则剩余牵引力 ΔT_i^{R} 就被排除了,并且刚度系数 k_{ij} 与黏弹性的时间依赖性无关。

在本项研究中,假设细集料颗粒按照线弹性行为,因此可以把细集料随时间增长的数值形式表示为式(5-29):

$$\Delta\sigma_{ij} = C_{ijkl}\Delta\varepsilon_{kl} \tag{5-29}$$

式中:$\Delta\sigma_{ij}$——应力增量;

C_{ijkl}——随时间变化的弹性模量;

$\Delta\varepsilon_{kl}$——应变增量。

同样地,有限元模型也是在一个随时间增长的数值方法代表黏弹性材料特征的基础上得到的,假设已知 t 时间的应力、应变和位移,并求解在时间 $t+\Delta t$ 时的状态变量。在应用应变—位移运算式 $\{\Delta\varepsilon\} = [B]\{\Delta u\}$ 及位移形函数 $\{\Delta u\} = [N]\{\Delta U\}$ 后,产生的有限元模型可以用如下矩阵形式表示:

$$[K^{\mathrm{e}}]\{\Delta U^{\mathrm{e}}\} = \{f_1^{\mathrm{e}}\} + \{f_2^{\mathrm{e}}\} + \{f_3^{\mathrm{e}}\} + \{f_4^{\mathrm{e}}\} \tag{5-30}$$

式中:

$$[K^{\mathrm{e}}] = \int_V [B]^T[C][B]\mathrm{d}V + \int_{\partial V_{\mathrm{c}}}[N]^T[K][N]\mathrm{d}S \tag{5-31}$$

$$\{f_1^{\mathrm{e}}\} = \int_{\partial V_{\mathrm{e}}}[N]^T[T(t+\Delta t)]\mathrm{d}S \tag{5-32}$$

$$\{f_2^{\mathrm{e}}\} = -\int_{\mathrm{V}}[B]^T[\sigma(t)]\mathrm{d}V \tag{5-33}$$

$$\{f_3^{\mathrm{e}}\} = -\int_{\partial V_{\mathrm{c}}}[N]^T[T(t)]\mathrm{d}S \tag{5-34}$$

$$\{f_4^{\mathrm{e}}\} = -\int_{\partial V_{\mathrm{c}}}[N]^T[\Delta T^{\mathrm{R}}]\mathrm{d}S \tag{5-35}$$

式中:$[K^{\mathrm{e}}]$——单元刚度矩阵,包括相邻黏结区的影响;

$\{\Delta U^{\mathrm{e}}\}$——单元位移增量;

$[C]$——弹性模量矩阵；

$[K]$——刚度矩阵；

∂V_c——在黏结区的那部分界面；

∂V_e——不在黏结区的那部分界面；

$\{f_1^e\}$、$\{f_2^e\}$、$\{f_3^e\}$及$\{f_4^e\}$——表面张力、时步前的应力、时步前的黏结区牵引力及时步时黏结区牵引力引起的单元力矢量。

如果在异构体中没有指定黏结区界面元素，那单元刚度矩阵里的第二项、力矩$\{f_3^e\}$及$\{f_4^e\}$就可以排除了。可以指出$\{f_4^e\}$是一项由黏弹性黏结区界面元素引起的黏弹性特征，部分异构体可能是弹性的，但仍然是在时间增长形式中实现。

5.3.3 原材料和有关参数

采用的材料为壳牌 A-70 号沥青和石灰岩集料，集料的弹性模量和泊松比分别假定为 45 000MPa 和 0.15，最大粒径为 4.75mm，其组成的混合料（玛蹄脂）沥青含量和孔隙率分别为 9%、5%；胶浆由沥青和 25% 的石灰岩矿粉组成，其泊松比为 0.4。

用动态剪切流变仪（DSR）试验来测试沥青胶浆的线黏弹性性能，把半径 8mm、高 2mm 的圆形状 DSR 试件放入 DSR 仪器内的两块板间，然后用一个足够小的且不会引起任何非线性损伤的恒剪切应力来确定线黏弹性蠕变行为。胶浆的松弛模量 $E(t)$ 由蠕变柔量 $D(t)$ 转换，利用黏弹性时温叠加原理，在 5℃、25℃及 40℃的温度下进行蠕变试验。然后用一个 Prony 级数拟合蠕变曲线，再把从剪切蠕变曲线确定的 Prony 级数常量转换为松弛模量方面的 Prony 级数常数。如图 5-10 所示的是胶浆材料的 $E(t)$ 和 $D(t)$，松弛模量的 Prony 级数 E_i 和 ρ_i 用作数值模拟的输入数据，具体如表 5-1 所示。

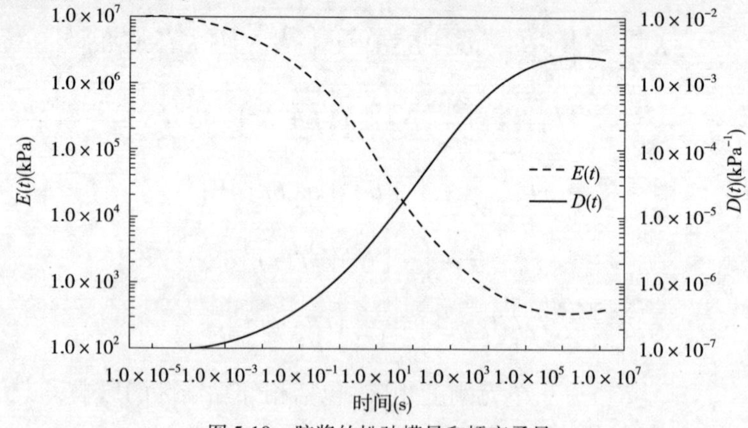

图 5-10 胶浆的松弛模量和蠕变柔量

胶浆松弛模量的 **Prony** 级数　　表 5-1

i	E_i(kPa)	ρ_i(s)
1	2.218×10^{6}	8.60×10^{-4}
2	2.583×10^{6}	5.60×10^{-3}
3	3.097×10^{6}	6.10×10^{-2}
4	4.486×10^{5}	4.50×10^{-1}
5	4.489×10^{5}	4.40×10^{0}
6	1.517×10^{4}	4.10×10^{1}
7	9.291×10^{3}	2.30×10^{2}
8	1.739×10^{3}	1.80×10^{3}
9	5.542×10^{2}	2.30×10^{4}
$E_\infty = 4.082\times10^{2}$kPa		

作为比较,玛蹄脂的线性松弛模量是用给定的集料和胶浆性能来选择代表体元(没有界面元素),并经过数值化得到。由图 5-11 可知,随着时间的推移,在非均匀方式下,集料的增加使得胶浆硬度增大,这是由胶浆松弛过程中胶浆与集料间相互作用引起的。

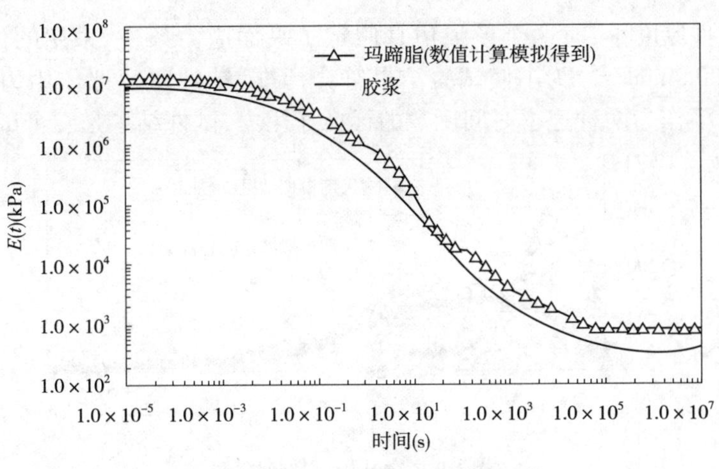

图 5-11　玛蹄脂与胶浆的松弛模量比较

5.3.4　沥青混合料间接拉伸试验模拟

间接拉伸试验模拟[图 5-12a)]的优势是间接拉伸试件中心点附近的应力状

态同沥青层底部的应力状态非常相似。沥青层底部的应力状态是在竖向压缩下，纵向和横向产生拉伸，对现场芯样进行间接拉伸试验能够准确地模拟现场结构层压缩方向和临界拉伸应力方向之间的关系。间接拉伸试验的模拟是采用真实试验中的试件形状，也就是说，间接拉伸试验中的试件尺寸和位移速率与实际试验中是相同的。这个想法的目的是把数字模拟和试验结果相比较，尽管与理论设想不太一致（如细观长度 l_{local} << 宏观长度 l_{global}）。如图 5-12b）所示的是用来模拟沥青混合料间接拉伸试验的形状和有限元网格。

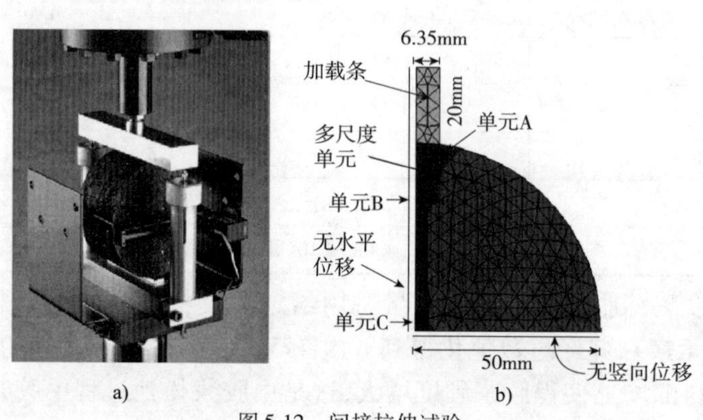

图 5-12　间接拉伸试验

a）试验模式；b）试验的形状和有限元网格

由于试件厚度小，对这个模拟仿真假定了平面应力条件，采用的位移速率为 0.1mm/s 和 0.4mm/s。为了使试验结果符合标准，试件厚度把作用力分散开了，图 5-13表示了作为两种速率时间函数的标准作用力，试件结果是三个试件的平均。

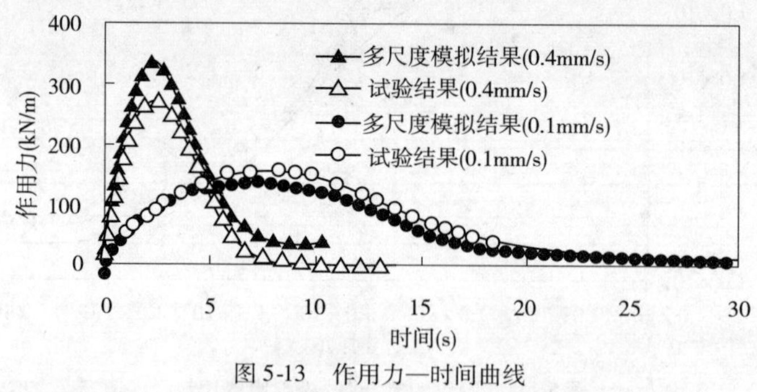

图 5-13　作用力—时间曲线

由图 5-13 可知：数值结果和试验结果是一致的。从数值结果可以观察到，靠近加载条的区域是产生最大应力的区域，并且也是损伤最大和首先发生破坏的区域。

从局部微观结构的数值结果可以观察到整个试件细小裂纹的进展，如图5-14a)~f)所示。在选定位移速率为0.1mm/s时，选定宏观整体单元[图5-12b)]的局部微观结构。为了提供更形象直观的细小裂纹，水平位移放大了10倍，位移速率为0.4mm/s的结果与位移速率0.1mm/s的结果相同。

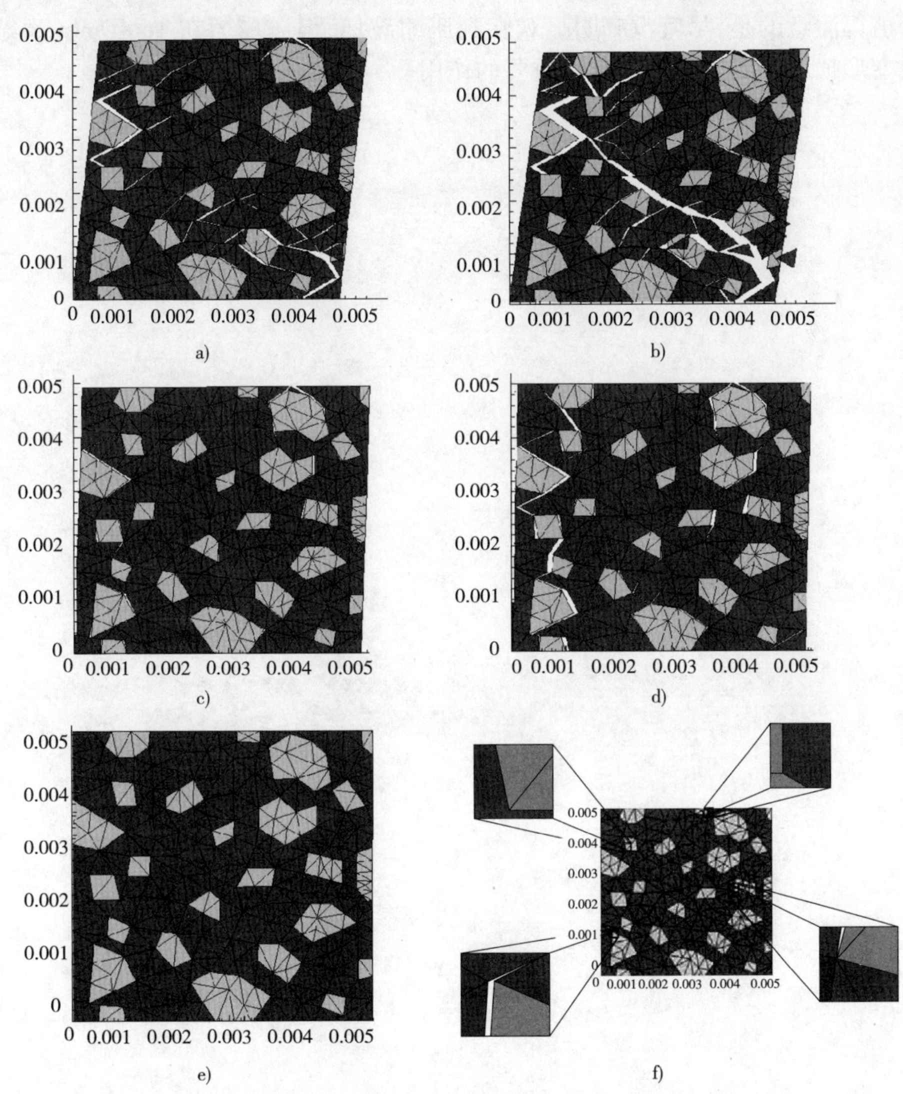

图5-14　位移速率为0.1mm/s时的细观结构

a)8.5s时(单元A);b)10s时(单元A);c)15s时(单元B);d)25s时(单元B);

e)15s时(单元C);f)25s时(单元C)

由图5-14a)～f)可知，靠近加载条的区域是首先发生结构破坏的区域，并且是剪切破坏；在重复荷载作用下，会进一步扩展，即Top-Down裂缝和车辙变形的始发区域。根据这个模拟仿真，在加载条邻近区域的结构破坏后，沿着试件的应力重分布加速了试件中心区的损伤发展；在试件中心区，纵向压应力和横向拉应力占据上风。值得注意的是，尽管没有明显观察到压缩破坏，但压应力在Top-Down裂缝和车辙变形损伤发展过程中仍起着重要的作用。

第 6 章　沥青路面结构层寿命的合理匹配

通过前面的分析可知,各个国家的沥青路面结构形式存在很大的差别,而决定路面性能的主要有三个方面:一方面是路面结构的抗疲劳性能,一方面是路面结构的抗永久变形性能,还有一方面是路面结构的耐久性。因此,为了满足长寿命的要求,需要进行路面结构组合研究。

长期以来,我国的路面结构组合设计都是根据以往使用经验进行的。由于我国以前交通量较小,沥青价格相对昂贵,加之沥青中含蜡量高,高温稳定性能差,出于节省投资和避免车辙的考虑,我国一直采用"强基薄面"的路面结构组合设计思想。然而,近几年来,随着道路等级不断提高和道路里程的增长,交通量的增长迅速,交通轮载不断增加,超载现象也较为普遍,路面损坏现象不论是在时间上还是在类型或原因上都与以往有所不同,各种早期损坏现象比较普遍和严重;当然高温、多雨和重交通轴载是产生这些损坏现象不可或缺的外在原因,但是半刚性基层沥青路面的耐久性差、使用寿命短等深层次问题日益凸现。高速公路沥青路面建设主要存在两大问题:使用寿命短,建设、维护以及重建成本高。几乎在道路建设和使用的每一不同阶段,都可以见到开膛破肚式的路面结构维修场面。这里面虽然有施工质量的问题,有结构设计的问题,但是,现行的设计理念、设计体系在目前高速公路快速建设的实践中也日益表现出一些问题。

我国现行沥青路面设计规范以路表弯沉作为主要设计指标,以沥青面层底面和半刚性基层底面的弯拉应力作为设计的验算指标,并制定了相应的设计标准。这一设计指标体系是在新中国成立以来历版设计规范以路表弯沉为控制指标的指导思想和传统习惯的指引下扩充后提出的,现有沥青路面结构设计实际上均由路表弯沉指标所控制[53]。而国外长寿命沥青路面设计方法主要针对永久变形和开裂两种主要损坏类型,大都选用沥青层底拉应变、路基顶面竖向压应变、沥青面层永久变形等作为设计指标,很少有或者几乎没有设计方法采用路表弯沉作为主要设计指标。

从前面几章的分析也可进一步说明,沥青层的层底拉应变、层内剪应变和路基顶面竖向压应变等是影响沥青路面结构损伤的关键因素。因此,沥青路面结构设计应合理设置路面各结构层的位置和层厚,使其满足耐久、平整、抗滑、经济的要求;充分发挥各层材料的特性,保证沥青路面结构在全设计寿命周期内是经济的。为了达到上述目的,针对我国沥青路面结构设计所存在的问题,本书提出了结构寿命匹配的理念;并通过沥青路面结构寿命匹配的理念,对沥青路面结构进行了分析研究。

6.1 结构设计基本思想

我国现行的半刚性沥青路面设计理念基本上是在"七五"、"八五"科技攻关项目的基础上形成的,该设计理念认为:半刚性基层沥青路面的承载能力完全由半刚性材料层满足,沥青层只起提高平整度、增加抗滑能力和减轻噪声等功能性作用,其厚薄对半刚性路面的承载能力影响不大;在未开裂的半刚性基层上铺筑较厚的沥青面层后,表面的裂缝主要是面层本身温度应力引起的温度裂缝,沥青面层愈厚,温度应力愈大,因此面层愈厚,愈容易出现温度裂缝,同时增厚沥青面层会明显增加车辙深度以及大大提高投资,造成不必要的资源浪费[3-4]。因此,多年来我国的沥青路面结构不管等级如何、环境如何、交通状况如何,一直承袭的是半刚性基层上的沥青路面结构。尽管近年来一些单位开展了沥青路面结构优化设计方面的研究,由于主要是在半刚性基层上的沥青路面这样一个模式下进行,优化设计过程的变量主要是路面结构层的厚度,设计年限主要是沥青路面的设计寿命,而不是多结构类型的全局优化,因此优化的意义并不大。有时虽然收到了短期效益,但较大幅度的牺牲了路面结构的长期效益和路面结构质量的可靠度,这样的优化实际上是不可取的。设计沥青路面结构的思想就是要用长设计年限的观念,较大范围地评价可能的路面结构形式,设计出长寿命、低维修成本的沥青路面结构。

全新的设计理念应该考虑全寿命结构的性能分析。从第3章和第4章的分析可知,对于厚沥青层沥青路面来说,其车辙损伤可能性明显小于薄沥青层结构,且其损坏一般都发生在路面上部,因此,可以通过表面一定深度的维修养护得到解决,从而使其沥青层以下的结构层长期使用下去。即柔性基层沥青路面可以通过加厚沥青层来减小层底拉应力,如果不超过疲劳极限,将可以保证路面只发生表面损坏,并通过表面维修使路面的寿命一直使用到很长久,实现"长寿命路面"的构想。

6.2 路面结构层寿命匹配分析

6.2.1 结构寿命匹配概念

我们知道,沥青路面属于典型的多层层状体系结构,各结构层按刚度的大小分配或承担外部车轮荷载,或者说各结构层对整个路面结构的贡献,取决于各结构层的刚度。如果沥青路面结构中的其中某个结构层发生破坏或刚度失效,将导致整个路面结构重新分配外部荷载,并由其他未损坏的结构层承担原来由已损坏结构层承担的那部分荷载。如果是承重层损坏或强度衰减,其他结构层将无力承担新分配来的荷载,路面结构将很快损坏。根据这种情况,依据美国沥青路面联合会(APA)提出的永久性沥青路面思想,即"针对路面某种破坏模式和预先设定的经济维修模式设置沥青路面结构",定义了一个路面结构层寿命匹配概念,即:为了使路面结构达到长寿命要求,应合理搭配路面结构层的寿命,避免路面结构重建,使道路使用末期的大修费用降至最低。图 6-1 为一个三层沥青路面结构可能出现的结构层寿命匹配状况。

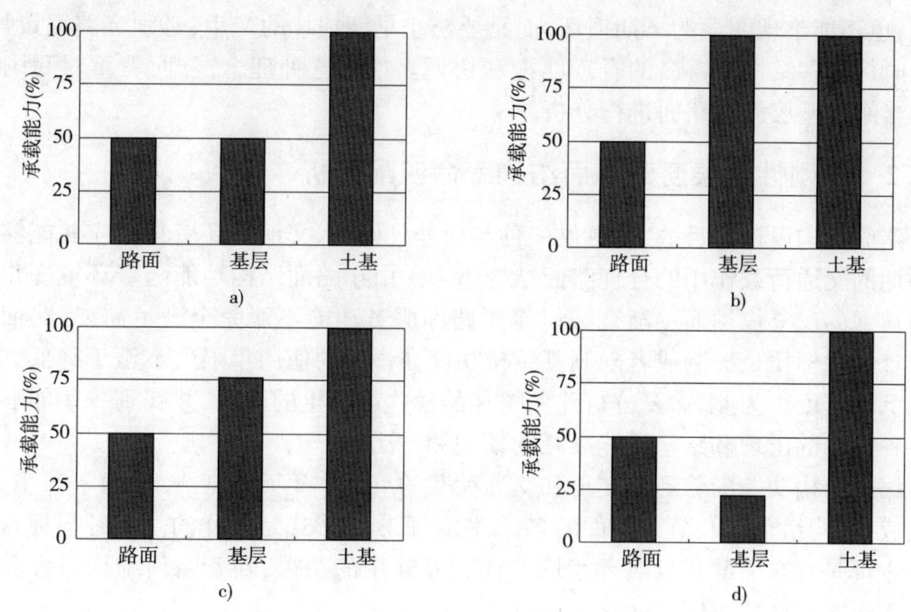

图 6-1 三层沥青路面结构各层寿命匹配状况

a)路面结构层等寿命;b)路面寿命较短;c)基层寿命较短;d)土基寿命较短

图 6-1a)为路面结构各层等寿命匹配状况,图 6-1b)为路面结构路面层寿命较短状况,图 6-1c)为路面结构基层寿命较短状况,图 6-1d)为路面结构土基寿命较短状况。图中要表达的含义为:如果高速公路的设计年限为 50 年(相当于承载能力为 100%),图 6-1a)中的路基和路面在 25 年时(相当于承载能力为 50%)全部破坏,路面结构需要重建;图 6-1b)只需对面层进行维修或加铺就可以达到设计年限要求;图 6-1c)对面层加铺维修后,由于基层寿命不足,导致路面结构仍无法实现设计年限。如果视基层强度衰减的情况,适当增加面层加铺的厚度,弥补基层强度衰

减造成的结构强度不足，路面结构也可以实现道路设计使用年限，但此时抬高路面高程可能会出现一系列限制。图 6-1d）基层过早破坏，导致路面结构寿命缩短。从经济的角度比较上述四种情况，可以看出情况 b）是最理想状况，其与长寿命路面理念一致。从图中还可以看到，基层实际上是影响路面使用寿命和维修模式的“临界层”。因此确定沥青路面结构的临界层，并合理设置其在结构中的位置是重要的，做到结构层寿命的合理匹配，从而提高路面的耐久性，实现长寿命。

基于此，我们可以把长寿命沥青路面重新定义为：在基层承载能力（使用寿命）为 100%，而面层损坏的情况下，只需对面层进行维修或加铺就可以达到设计年限（30 年以上）要求的路面。当然，这种长寿命路面理念并不是纵容表面损坏的发生，也不能出现明显的早期损坏，而是要防止早期损坏的产生，必须在路面设计、施工时保证各结构层寿命的合理匹配和协调。根据这种理念，下面着重对我国典型的半刚性基层沥青路面进行分析。

6.2.2 半刚性基层沥青路面结构寿命匹配分析

路面结构设计的目的，是提供一种与所处气候、水文地质环境相适应并能够承受预期的交通荷载作用的合理路面结构组合。由于路面结构功能随着环境变化和交通荷载的反复作用而逐渐衰减以至于路面服务功能不能完全满足需要，路面结构设计的目标便是控制或者限制其结构功能在预定的使用年限内不至于降低到某一最低的程度。为此，需要分析路面损坏的模式和产生的原因，并找到一些能够预测各种损坏的出现和结构功能衰减的模型和方法。

路面结构功能随着环境变化和交通荷载的反复作用而逐渐衰减，由于环境、材料组成、结构组合以及荷载条件的多样性，路面损坏形式是多样的。各种损坏现象的产生都是行车荷载和自然环境同路面相互作用的结果，随着路面结构特性和外界因素影响程度的不同而变化。

从第 2 章和第 4 章知道，沥青路面的损坏存在多样性和原因的复杂性，不同损坏形式会出现不同路面结构临界状态，从而就有不同的设计标准；沥青路面设计不可能只采用一种损坏模型，也不能采用单一的指标作为设计标准，因此必须采用多种临界状态。采用“临界层”分析方法来进行路面结构分析是进行路面结构层寿命匹配的关键。所谓临界层方法就是以各结构层承载能力作为评价指标，寻找和确定承载能力最弱，并直接影响路面结构的使用寿命、养护维修方式及成本的路面结构层，以此作为路面结构“临界层”；通过更换材料、改变厚度、变化层位等方法使路面结构达到设计使用年限，满足长寿命路面要求，并使路面结构建设、养护维修、重建方式合理，费用经济[128]。按照该设计思想，本书在前述有关沥青路面设计参数、指标及损伤机理分析的基础上,对我国的典型半刚性基层沥青路面进行结构寿命匹配分析,通过改变沥青层厚度、变化层位来使这种结构达到长寿命路面要求。这些工作可以通过三个步骤来完成:路面结构各层承载能力的分析;水泥稳定类结构层压碎可能性评价;由各层承载能力计算路面结构总的承载能力(使用寿命)。

关于道路的“寿命”,实际上,目前还没有一种方法可以直接预测道路的寿命,绝大部分是预测累计轴载作用次数(一个作为评价道路承载能力的指标)。

从前面的分析可知,对于我国的典型半刚性基层沥青路面来说,半刚性基层沥青路面的结构性破坏主要来源于基层,其“临界层”应为半刚性基层,半刚性基层的损坏,将导致整个沥青路面的结构破坏。虽然半刚性材料具有明显的刚性大、传递荷载能力强的优势,但半刚性路面还是不可避免会出现开裂和反射裂缝等问题。对于半刚性基层沥青路面开裂控制存在三种假设,从而产生了三种半刚性路面设计理念。

第一种设计理念认为半刚性材料在纵向和横向上细裂缝的发展符合细裂缝扩散模型。在半刚性路面厚度设计时,由于半刚性材料不能抵抗拉应力作用,且力学性能与无结合料材料极其近似(当量回弹模量在1 000 ~2 000MPa),故不考虑其抗弯曲疲劳性能。此时路面设计按沥青混合料材料的弯曲疲劳和路基顶面的垂直压应力进行,沥青层较厚,半刚性结构层较薄。一般认为这种结构的反射裂缝不是一个严重的问题,在很多情况下会忽略反射裂缝。

第二种设计理念认为干缩、温度开裂使半刚性材料成为一个有规则间距的、具有确定宽度的板块模型,即该层可细划为板块,其裂缝(接缝)的传荷能力依赖于板宽。该层具有较高的弯曲应力和较高的回弹模量(15 000 ~30 000MPa),降低了路基土顶面的垂直压应力,同时提高了抗重交通荷载的能力。因此需要进行半刚性材料抗弯曲疲劳性能设计,半刚性基层成为主要的承重层,厚度较厚;而沥青面层较薄,且仅考虑平整、抗滑、低噪声、低溅水等表面性能。此时必须考虑采取防止产生反射裂缝的措施。

第三种设计理念认为半刚性材料倾向于按规则间距开裂,且裂缝较窄,足够传递交通荷载,因此半刚性材料可以假设为均匀弹性体,模量在7 000 ~10 000MPa。同时考虑半刚性材料和沥青混合料的抗疲劳性能,两者都应具有适宜的厚度。这种结构的反射裂缝不严重,反射裂缝主要与交通状况、当地的气候条件以及沥青层厚度有关[128,49,140]。

从这些理念可看出,降低沥青层反射裂缝,保持半刚性材料不开裂是设计半刚性层需要考虑的一个重要方面。目前国内外在延缓半刚性基层反射裂缝方面的措施主要有以下三种:

(1)预裂缝措施。在半刚性基层材料缩裂前采用预加荷载使半刚性材料产生开裂,之后的收缩就会分布到这些细小裂缝中去。华南理工大学刘敬辉博士[51]曾对此方法进行研究,并在工程应用中取得了一定的效果。

(2)在沥青层与半刚性层之间设置隔离层。通过在沥青层与半刚性层之间设置隔离层,取消两层之间直接接触,一方面能够削弱反射裂缝的扩张,另一方面能有效延长半刚性材料裂缝反射到面层的时间。如在半刚性基层与沥青层之间设置一层级配碎石过渡层,可以减少和延缓沥青反射裂缝的发生。

(3)改善半刚性材料性能。如采用低强度的稳定材料等。

正是由于半刚性材料层开裂特征,使得对其承载能力(使用寿命)进行分析(疲劳寿命预估)存在一定困难,这主要是由于以下三方面:

(1)半刚性材料的模量会随时间而衰减。

(2)半刚性层开裂包括温度裂缝、干缩裂缝以及荷载引起的疲劳裂缝,但是温度裂缝和干缩裂缝难以预估,半刚性材料的疲劳方程难以进行现场验证和修正。

(3)半刚性材料开裂后会使得上层的沥青层产生应力集中而导致反射裂缝,而针对半刚性材料开裂造成的沥青层反射裂缝,目前还没有合适的模型。

目前绝大部分设计方法(如我国目前所使用的沥青路面结构设计方法和 Shell 设计方法)均没有考虑半刚性材料模量随时间的衰减和沥青层的反射裂缝问题,更没有考虑半刚性材料的干缩和温缩问题。路面厚度和路面寿命取决于半刚性层的疲劳寿命,一旦半刚性基层的疲劳寿命达到计算的最大允许次数,路面就等于完全破坏,即半刚性层损坏后路面便完全丧失结构性能。

南非在路面结构设计中为了考虑半刚性材料开裂等特点[26,141],在设计中将半刚性基层路面按材料性能分为以下三个阶段:

(1)施工后缩裂阶段。刚施工完好的半刚性材料模量较高,由于温度和湿度作用,水泥处治层在使用初期便会出现收缩裂缝,使结构层开裂成板块状(板块长度大于层厚的 5 倍),荷载作用于板块边缘(裂缝两侧)处产生的应力或位移量要大于板中,因此,按层状体系计算得到的应力或应变值应乘以增大系数。

(2)疲劳开裂阶段。水泥处治层在荷载作用下出现疲劳裂缝,并逐渐扩展,水稳材料从开裂的大块结构进一步开裂成细块,从开始的裂块尺寸为厚度的 1 ~ 5 倍,发展到最后小于厚度,其模量进一步衰减。

(3)疲劳开裂成等效的粒料层阶段。在荷载反复作用下最终碎裂成小块,各性能接近于粒料材料,此时,其不具有抗拉的疲劳性能,此后的路面寿命取决于沥青面层疲劳开裂、粒料抗剪切破坏和路基的永久变形。

依据以上水泥稳定层在使用过程中的模量衰减性状,设水泥稳定层的沥青路面结构设计宜分为如下几个阶段：

(1)水泥稳定层缩裂阶段的疲劳寿命。

(2)水稳材料疲劳阶段的疲劳寿命。

(3)水稳材料破裂成等效的粒料阶段，直到沥青面层疲劳损坏或者路基土车辙变形超过标准值，导致路面的最终损坏阶段。

因此路面结构的总寿命为这几个阶段疲劳寿命之和。由于各个阶段的模量发生了较大变化，因此各个阶段的疲劳寿命应分别计算，为此南非路面设计指南给出了不同半刚性材料不同阶段的模量范围(图 6-2)。

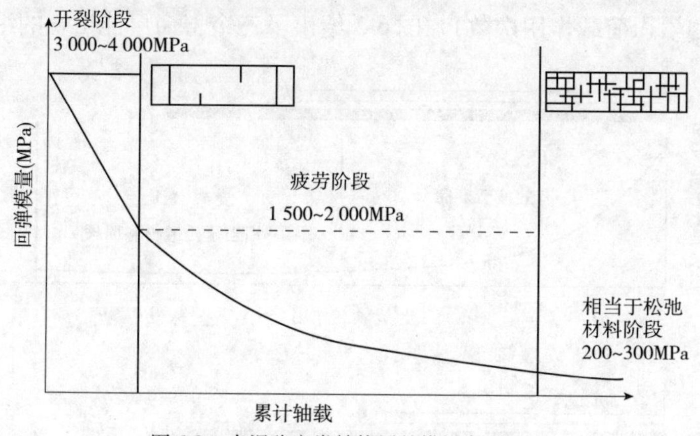

图 6-2　水泥稳定类结构层的模量衰变过程

而澳大利亚是将半刚性材料使用状况分成两个阶段[140]：第一个阶段为半刚性材料在荷载作用下产生疲劳开裂阶段，此阶段的疲劳寿命主要通过半刚性层底弯拉应变控制；第二个阶段半刚性层开裂后成为等效的粒料层，此时路面残余寿命主要通过沥青层层底弯拉应变和路基上顶面压应变控制。其路面寿命计算方法与南非方法基本相同。

依据半刚性层在使用过程中的模量衰减性状，可将沥青路面结构计算寿命分为两个阶段寿命：①半刚性材料层疲劳阶段的疲劳寿命；②半刚性材料破裂成等效的粒料阶段，直到最终沥青面层疲劳损坏或者路基土车辙变形超过标准值，从而导致路面的最终损坏阶段的疲劳寿命。因此路面结构的总寿命为这两个阶段疲劳寿命之和。值得注意的是，当半刚性层疲劳寿命结束后，半刚性层等效为粒料材料，不考虑其疲劳寿命，此时路面仍然具有一定的残余寿命，主要通过沥青层弯拉应变和路基土的垂直压应变控制。

从图 6-2 可以看出，水泥稳定类材料在路面的整个服务寿命过程中经历了一个复杂的状态演变过程(整体、板体、块体、散体)。在有效疲劳寿命的末期,底基层材料的弹性模量会突然变化,导致路面结构应力和应变的突然重新分布,显然这与模量的渐变过程是不一致的。此时材料已接近松散材料状态,拉应力和拉应变的计算已经不再有意义。而此时基层顶面的竖向应力几乎没有变化,这是由于竖向应力主要受顶面接触应力的影响,而受其下面的结构条件影响不大。

1)水泥稳定类基层破坏模式组合

通过上面讨论和材料破坏模式分析可以看出水泥稳定类材料可以有三个寿命指标:N_{ce}、N_{ci}和N_{ca}(N_{ce}为有效疲劳寿命,N_{ci}和N_{ca}为水泥稳定材料结构层压碎发生和发展过程对应的累积荷载作用次数)。图6-3给出了三个寿命可能出现的组合情况。

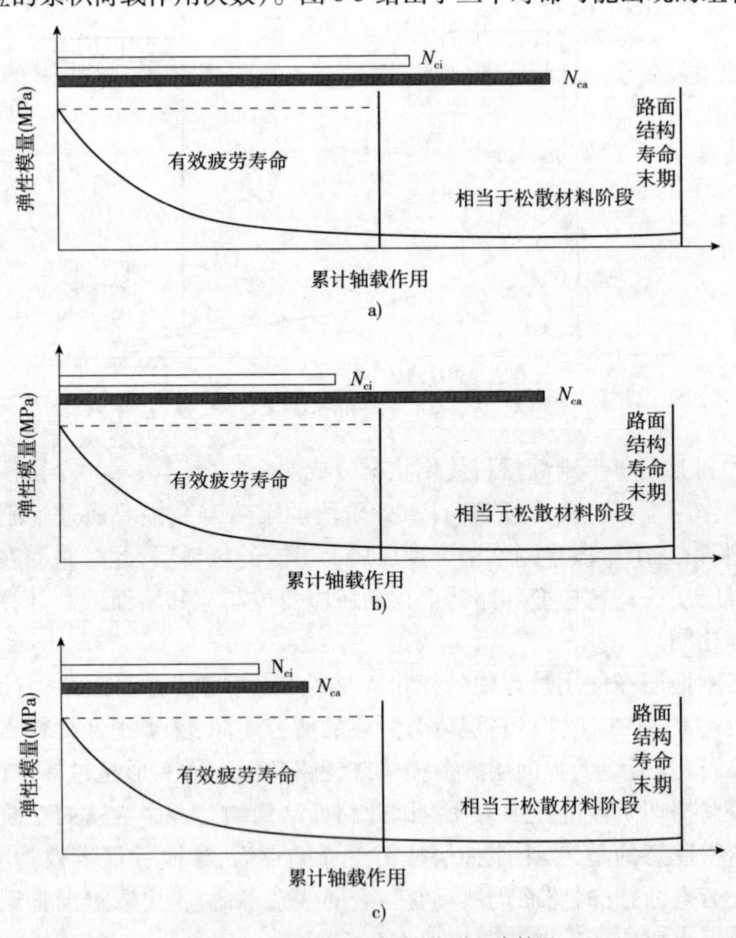

图6-3　水泥稳定类基层的各种组合情况

a)基层不会发生压碎的组合情况;b)基层可能发生压碎的组合情况;c)基层将发生压碎的组合情况

图6-3a)的组合情况表明水泥稳定基层在发生压碎破坏之前已进入松散材料阶段。此时材料模量已经非常低,所以不会发生进一步压碎。图6-3b)的组合情况表明预测的压碎寿命比有效疲劳寿命短,如果此时水泥稳定基层顶面竖向变形接近2mm,基层将发生压碎破坏。图6-3c)的组合情况表明预测的有效疲劳寿命比严重压碎的预测寿命长,如果此时水泥稳定基层顶面竖向变形接近10mm,水稳基层会发生严重压碎破坏。从防止压碎破坏的角度定性地分析,水泥稳定类基层上的沥青面层不能过薄。从第4章的论述知道,若要使基层顶面的垂直压应力减小,可以通过增加沥青层厚度来达到。

2)水泥稳定类沥青路面结构的分阶段设计方法

当结构设置水泥稳定类材料层时,鉴于水泥稳定类基层材料在长期的使用过程中,其力学性能和行为会发生变化,因此对于采用长设计年限或分析年限时,必须引进分段分析的方法,可以采用疲劳损伤的原理进行寿命分析。

由于我国高速公路半刚性基层沥青路面一般均设计了两层半刚性材料层,因此,半刚性材料层的路面分析应分为三个阶段(图6-4)。第一个阶段为半刚性基层和半刚性底基层均处于正常疲劳开裂阶段;第二个阶段为半刚性底基层破裂成等效的粒料层,而半刚性基层处于正常的疲劳开裂阶段;第三个阶段为半刚性基层、底基层均破裂为等效的粒料层阶段。

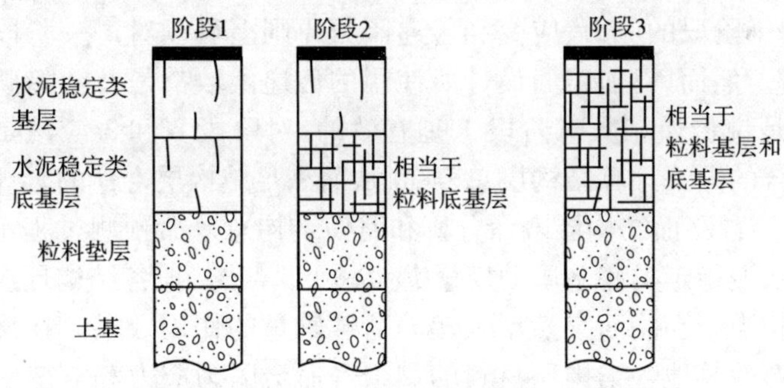

图6-4　水泥稳定类基层路面结构分段分析

N_{ij}为第 i 层($i=1\sim5$,分别为沥青层、半刚性基层、半刚性底基层、粒料垫层和路基土)在第 j 个阶段(1为初始,2为底基层开裂成粒料,3为基层开裂成粒料基层)对应的计算寿命(如 $i=1$、$j=1$ 为沥青层在第一个阶段的疲劳开裂寿命)。

对于不同阶段的结构层疲劳损伤率累计为1(不考虑半刚性层),则:

$$D_{i1}+D_{i2}+D_{i3}=1 \tag{6-1}$$

(1)对于阶段 1,实际有效次数等于半刚性底基层第一阶段的计算疲劳寿命 N_{ce1}。

(2)对于阶段 2,实际有效次数等于半刚性底基层第二阶段的有效疲劳寿命 N_{ce2}。

(3)阶段 3 的各结构层(不包括半刚性居)的实际有效寿命为 N'_{i3}。

根据前面的推导 $N_{ce1} = N'_{22} = N_{22} \times (1 - N_{ce}/N_{21})$,则:

$$\frac{N_{ce1}}{N_{i1}} + \frac{N_{ce2}}{N_{i2}} + \frac{N'_{i3}}{N_{i3}} = 1 \tag{6-2}$$

这样可以得到各层实际的最终有效疲劳寿命:

$$N_i = N_{ce1} + N_{ce2} + N_{i3} \times \left(1 - \frac{N_{ce1}}{N_{i1}} - \frac{N_{ce2}}{N_{i2}}\right) \tag{6-3}$$

取各结构层总有效疲劳寿命最小值即为总的路面结构的寿命,或者说可承受的累计轴次。对于其他情况,以此类推。

为了减少后期维修工作量,增加维修时间间隔,真正提高路面的耐久性,按照结构层寿命匹配思想,设计时不仅要求设计疲劳寿命大于设计要求,还要求第二阶段的疲劳寿命占总疲劳寿命一定比例是有必要的。

由于材料性质的变化,在阶段 1 计算的应力和应变,对阶段 2 和阶段 3 的分析和设计并没有指导意义。如果要进行结构分析的话,必须采用与该阶段相适应的材料性质。每一阶段的应力、应变和传递函数原则上可以对每一阶段各层材料的寿命作出估算。然而,目前路面设计所使用的传递函数都是在初始破坏的基础上建立的,也就是说传递函数对阶段 1 是有效的,对阶段 2 和 3 应该是无效的。为此,宜采用组合的办法计算结构层总寿命,从而满足结构层寿命的合理匹配。

图 6-5 为沥青路面结构层寿命分析和路面结构总寿命预测过程示意图。在阶段 1 的末期,水泥稳定类底基层的模量突然减小,导致其他各结构层应力和应变水平增大,这就相当于在路面突然增大车轮荷载轴重的作用效果。在接下来的时间里,阶段 1 计算的其他各结构层材料的剩余寿命会因为应力和应变水平的增大而缩短。在阶段 2,水稳层开始以一个新的形态出现(相当于松散材料),因此它的寿命不作调整,而是直接将阶段 2 的寿命加到阶段 1 的寿命上得到水稳层总的寿命。

为了进一步说明半刚性基层沥青路面分阶段设计的寿命分析,下面以表 6-1 中的三种结构为例来进行寿命匹配分析。结构 1 为我国高速公路典型半刚性基层沥青路面结构,结构 2 为倒装式沥青路面结构,结构 3 为柔性基层结构。三种结构均采用 100kN 轴载,土基和松散材料顶面永久变形引起的路表面车辙小于等于 10mm。

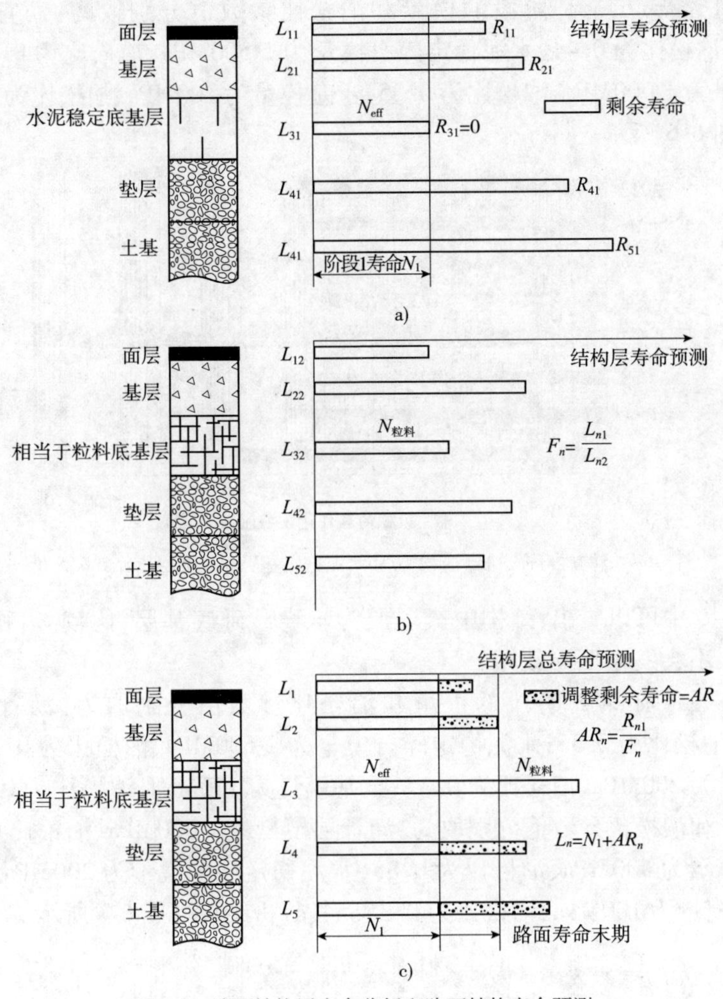

图 6-5　路面结构层寿命分析和路面结构寿命预测

a)结构层寿命预测(阶段 1);b)结构层寿命预测(阶段 2);c)路面结构总寿命预测

用于寿命匹配分析的沥青路面结构　　表 6-1

结构 1	结构 2	结构 3
沥青混凝土(三层)(16cm)	沥青混凝土(三层)(20cm)	沥青混凝土(二层)(10cm)
水泥稳定碎石(30cm)	级配碎石(30cm)	沥青混合料基层(20cm)
水泥稳定砂砾(20cm)	水泥稳定砂砾(25cm)	级配碎石(30cm)
土基	土基	土基

结构 1 各层在第一阶段的模量和泊松比参数值分别取为：沥青层模量为 4 000MPa、泊松比为 0. 44；水泥稳定碎石模量为 2 500MPa、泊松比为 0. 35；水泥稳定砂砾模量为 1 000MPa、泊松比为 0. 35；土基模量为 100MPa、泊松比为 0. 4。其分析结果如图 6-6 所示。

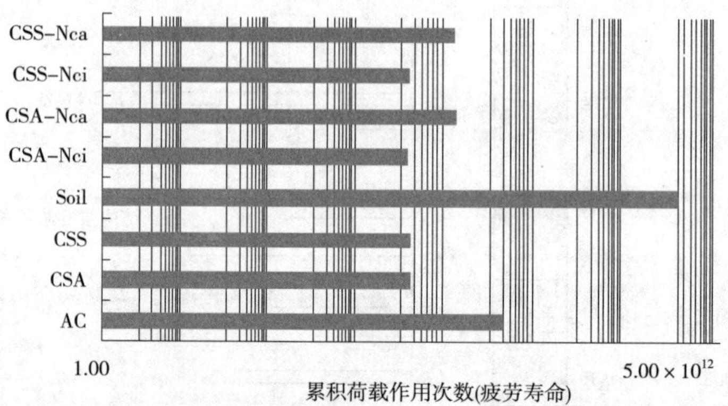

图 6-6 结构层寿命分析（阶段 1）和水泥稳定基层和底基层压碎破坏评价

从图 6-6 中可以看出：结构中最弱层为水稳砂砾底基层，比较 N_{ci} 和 N_{ca} 可知，两个水稳层不会发生压碎破坏。

结构 1 各层在第二阶段的模量和泊松比参数值分别取为：沥青层模量为 5 000MPa、泊松比为 0. 35；水泥稳定碎石模量为 2 500MPa、泊松比为 0. 35；水泥稳定砂砾模量为 200MPa、泊松比为 0. 35；土基模量为 100MPa、泊松比为 0. 35。第三阶段的模量和泊松比参数值分别取为：沥青层模量为 1 000MPa、泊松比 0. 35；水泥稳定碎石模量为 400MPa、泊松比为 0. 35；水泥稳定砂砾模量为 200MPa、泊松比为 0. 35；土基模量为 100MPa、泊松比为 0. 35。其分析结果如图 6-7 所示。

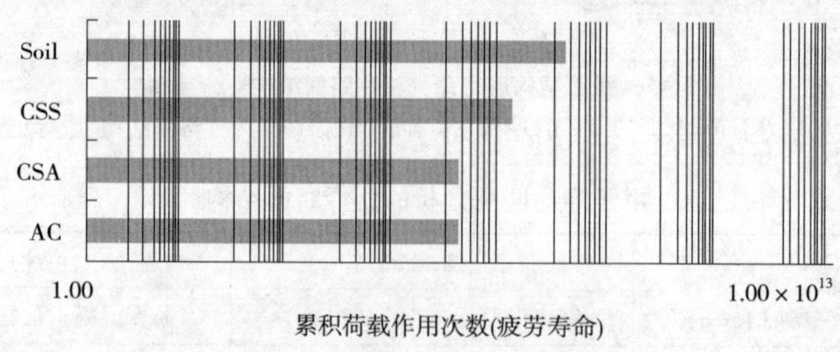

图 6-7 路面结构总寿命预估（结构 1）

比较图 6-6 和 6-7 可以看出，由于水泥稳定类基层和底基层状态改变和强度衰减，导致应力和应变的重新分布，致使沥青面层寿命折减 97%，土基层寿命折减

99%。这说明“多余荷载”由沥青面层和土基分担了。

结构 2 各层在第一阶段的模量和泊松比参数值分别取为：沥青层模量为 4 000MPa、泊松比为 0.44；级配碎石模量为 450MPa、泊松比为 0.35；水泥稳定砂砾模量为 1 000MPa、泊松比为 0.35；土基模量为 100MPa、泊松比为 0.4。其分析结果如图 6-8 所示。

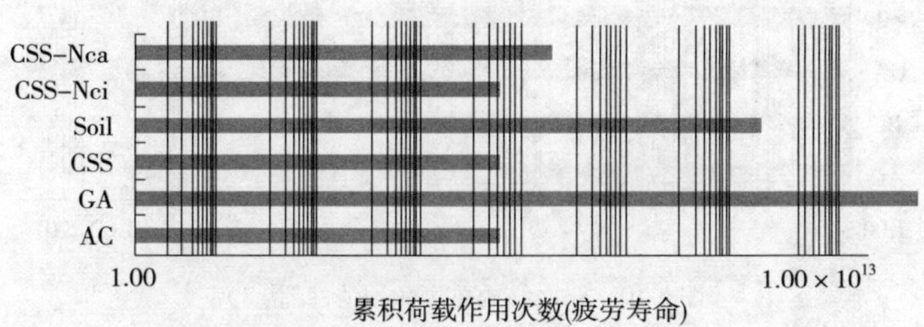

图 6-8　结构层寿命分析（阶段 1）和水泥稳定底基层压碎破坏评价

从图 6-8 中可以看出：结构中最弱层为水稳砂砾底基层，比较 N_{ci} 和 N_{ca} 可知，水稳砂砾底基层不会发生压碎破坏。

结构 2 各层在第二阶段的模量和泊松比参数值分别取为：沥青层模量为 5 000MPa、泊松比为 0.44；级配碎石模量为 300MPa、泊松比为 0.35；水泥稳定砂砾模量为 200MPa、泊松比为 0.35；土基模量为 100MPa、泊松比为 0.4。分析结果如图 6-9 所示。

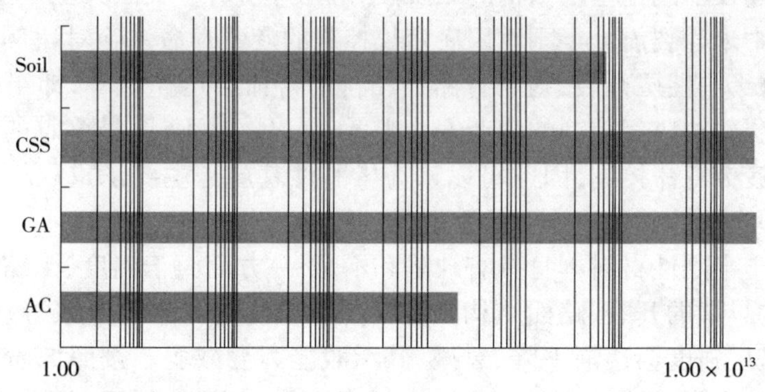

图 6-9　路面结构总寿命预估（结构 2）

比较图 6-8 和 6-9 可以看出，由于水泥稳定砂砾底基层状态改变和强度衰减，导致应力和应变的重新分布，沥青面层和基层寿命没有受到影响，土基寿命折减 75%。说明“多余荷载”完全由土基分担了。

结构3各层在第一阶段的模量和泊松比参数值分别取为：沥青层模量为4 000MPa、泊松比为0.44；沥青混合料基层模量为1 000MPa、泊松比为0.35；级配碎石模量为300MPa、泊松比为0.35；土基模量为100MPa、泊松比为0.4。其分析结果如图6-10所示。

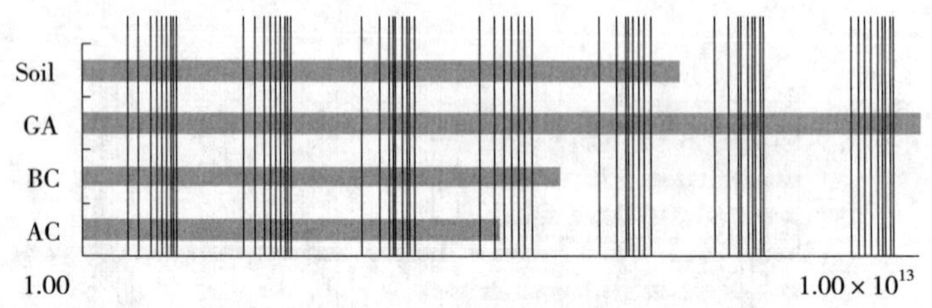

图6-10　路面结构总寿命预估(结构3)

上述分析结果表明，在所分析的三种路面结构中，结构2具有最大的承载能力，其次是结构3，最后是结构1。结构1和结构3具有相近的结构承载能力。通过比较各结构层寿命匹配状况后可知，结构1基本上属于各结构层等寿命状况，结构寿命末期，需要对路面结构进行翻修。结构3的下部结构在结构寿命末期仍有一定的剩余寿命储备，结构寿命末期只需对结构进行适当补强就可以满足下一设计阶段的行车需要。而从道路结构寿命末期的维修角度考虑，结构3比结构1更具有优越性。

根据上述设半刚性基层结构的二阶段分析方法，对于我国典型半刚性结构，结构疲劳寿命中未开裂前由半刚性层底弯拉控制的疲劳寿命占绝对比例。由于沥青层较薄，一旦半刚性层开裂，则沥青路面结构的寿命会迅速衰减，即半刚性基层开裂后由沥青层底拉应变控制的疲劳寿命很低，可以忽略不计，最终总的疲劳寿命是由半刚性层疲劳寿命控制，因此可以认为半刚性基层是主要承重层。这与我国普遍的认识，即半刚性基层为主要承重层是一致的。

但是由于半刚性材料本身具有缺陷和不足，一方面由于温度、干缩开裂不可避免，造成结构早期的开裂、路面结构强度下降以及随之而来的唧浆等病害；另一方面，半刚性基层强度会逐渐下降、衰减，其承载能力会减弱。按照二阶段设计方法分析，对于我国典型的半刚性结构，一旦半刚性基层开裂后，沥青路面等效为15～18cm沥青层的柔性结构，计算的剩余疲劳寿命只有(100～300)万次，还不考虑反射裂缝造成结构的损坏，实际疲劳寿命更低。这样通过简单的表面维修后的路面结构，维持不了很长时间就又会产生破坏，使得维修间隔太短，最终不得不提前进行结构性的重建。因此路面结构的长期使用性能就得不到保证，耐久性差，根本达不到国外长寿命路面结构长达 30 ~ 50 年的寿命。

全新的设计理念应该考虑全寿命结构的性能分析。根据国外长寿命沥青路面设计理念，对于厚沥青层沥青路面的损坏可以通过表面一定深度的维修养护得到解决，从而使其沥青层的下面结构层长期使用下去。即柔性基层沥青路面可以通过加厚沥青层减小层底拉应力，如果不超过疲劳极限，将可以保证路面只发生表面损坏，并通过表面维修使路面的寿命一直使用到很长久，实现"永久性路面"的构想。对于半刚性基层沥青路面的早期损坏，如沥青层裂缝、车辙、表面水损坏等，可以通过及时的维修养护、铣刨、罩面予以解决。但是半刚性基层的强度、模量、抗疲劳性能等会因为重复荷载的作用及环境（干湿、冻融等）的影响而不断衰减，是有一定使用寿命的；一旦其开裂，则整个路面等同于柔性结构，最终路面性能还是靠沥青层来承受路面荷载作用。

国外研究表明，半刚性路面开裂，是荷载应力、温度梯度产生的温度应力共同作用的结果，同时半刚性材料由于干缩也会产生开裂。半刚性路面未开裂前，温度梯度产生的温度应力和干缩成为开裂的主要控制因素，当半刚性路面开裂后，荷载应力是控制路面的主要因素。半刚性路面要求沥青层和半刚性层具有合理的厚度，如果半刚性材料厚度不变，降低沥青层厚度，或者沥青层厚度不变，半刚性材料厚度太厚，均会加剧路面损坏。简单地增厚半刚性材料厚度只能降低由于荷载产生的半刚性层底的拉应力，提高抗荷载能力，但是会增加半刚性材料本身的温度应力产生的开裂和干缩裂缝，从而加剧面层反射裂缝和半刚性材料模量的衰减。因此，比利时、意大利、西班牙等国家半刚性底基层在各种交通量下厚度都为 20cm，德国则为 15cm，但是沥青层相对较厚；法国的组合式结构中，半刚性层只有18 ~ 26cm，同时要求沥青层厚度必须大于半刚性层厚度；日本半刚性底基层模量为 1MPa，其厚度为 15 ~ 30cm[27,29,50]。国外设计指南中给出的半刚性路面典型结构，半刚性基层不太厚，沥青层较厚。采用阶段 2 分析表明，这样的半刚性路面结构总疲劳寿命中，开裂前由半刚性层层底拉应变控制的疲劳寿命很小，一般不到总疲劳寿命的 20%，甚至相对于后期的沥青层疲劳寿命是可以忽略不计的，因此路面结构中沥青层成为主要承重层之一。增加沥青层厚度，有利于降低半刚性层层底的应力水平，降低其荷载敏感性，同时也可以延缓反射裂缝的发展，减少雨水下渗。

因此，要使半刚性基层适应长寿命路面要求，应从路面结构设计上采取措施，合理确定路面的临界破坏状态。我国目前常见的沥青路面设计方法中将路面的临界破坏状态定义为：路面无明显变形、有较多纵横向裂纹或局部网裂。而此时作为路面的主要承重层的半刚性基层实际上已经完全开裂了，这样即使路面达到设计使用寿命,但由于路面已经出现了结构性破坏,其使用寿命也很难再延长,这与国外的长寿命沥青路面的设计理念刚好相反。因此要想得到长寿命的半刚性基层沥青路面,就必须改变这种路面设计的临界破坏状态。一种方法是可以考虑使半刚性基层在其使用过程中完全不出现破坏,其强度、模量等不会发生衰减。这样就需要加大沥青面层厚度以使基层所受到的弯拉疲劳应力大大降低,以致不会出现疲劳破坏;同时还要解决半刚性基层材料的收缩开裂、基层的防水等一系列问题。另一种方法是在设计时就将半刚性基层视为已经完全开裂,其强度、模量等参数也取为开裂后的数值。这样做虽然不能充分利用半刚性基层的强度,但当半刚性基层破坏后,路面的设计承载能力不会降低,其结构性能仍能满足较长时间的使用要求,可以实现较长的使用寿命。基于此,为了使我国高速公路典型半刚性基层沥青路面结构达到长寿命路面要求,按照结构寿命匹配的理念,应通过改变沥青层厚度、变化层位及更换材料来调整各结构层间的寿命匹配,使之达到最合理、最经济的目标。

6.3 路面结构寿命合理匹配分析

对于结构 1 这种半刚性基层路面,水泥稳定碎石基层是主要的承重层,如果该层的承载能力能达到 100%,则该结构能达到设计寿命要求,实现长寿命。但是依据上述结构寿命匹配分析,该结构基本上属于各结构层等寿命状况,即相当于图 6-1a)所示的情况,路面一旦发生破坏,则为结构性破坏,必须进行结构性重修,不符合长寿命沥青路面设计理念。所以,按照上述所提出的路面结构寿命匹配思想,应针对水泥稳定碎石基层这个路面结构“临界层”,通过改变厚度、更换材料及变化层位等的优化组合,使结构 1 达到设计使用年限的要求。

研究表明[53],半刚性基层材料是一种应力敏感性材料,与沥青混合料相比,半刚性基层材料的疲劳曲线较为平缓,如图 6-11 所示,其中 N_f 为疲劳寿命,ρ 为应力比。这说明半刚性基层材料的应力敏感性要比沥青混合料高。在应力变化幅度相同的条件下,半刚性基层材料产生的寿命变化范围要大于沥青混合料。换句话说,超载对半刚性基层的寿命影响要大于沥青面层。

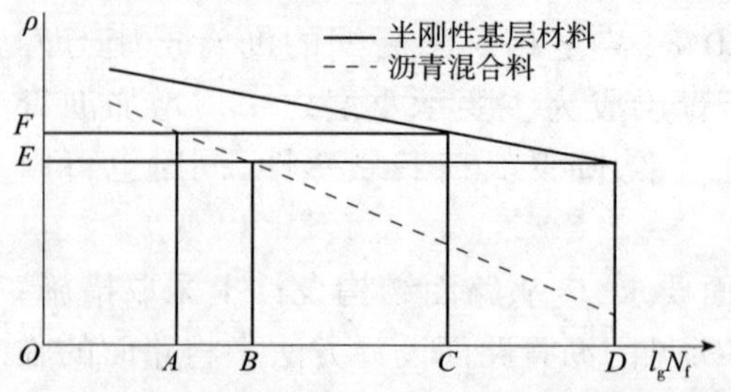

图 6-11 半刚性基层材料与沥青混合料的疲劳曲线比较

通过前面的分析可知,半刚性基层能够具有更长的疲劳寿命。尽管半刚性基层材料对应力的敏感性要高于沥青混合料，但是，在相同的应力比作用下，半刚性基层的绝对疲劳寿命值要高于沥青混合料，见表6-2[63]。因此，只要将半刚性基层放在路面结构层中合适的位置，使其不承受过大的荷载，半刚性基层就会具有更长的疲劳寿命。

半刚性基层材料与沥青混合料疲劳寿命对比　　表6-2

材料类型	应力比	应力水平(MPa)	疲劳寿命平均值(次)
单家寺90号沥青	0.3	0.768	159 564
	0.5	1.280	22 843
	0.6	1.536	11 304
水泥稳定类基层	0.65	0.806	91 453
	0.85	1.054	7 568

基于此，为了使半刚性基层具有更长的疲劳寿命，应减小其所受荷载应力。而要达到这个目的，按照前面第4章的分析，必须增加沥青层厚度，使半刚性基层位置下移；并按照结构层寿命匹配要求，通过改变厚度、更换材料及变化层位等措施使各结构层寿命合理匹配。为此，有以下三种方案：

(1)增加沥青层厚度(按照我国部分省份高速公路沥青路面结构情况，一般是增加ATB上基层。因为ATB结构层位于沥青面层和半刚性基层之间，相当于一种柔性过渡结构，能够吸收和削减半刚性基层尖端应力和应变，具有延缓基层裂缝向中、上面层反射以及提高路面抗车辙能力和耐久性的作用；同时ATB沥青稳定碎石具有良好的骨架结构，且具有防水、高温稳定、低温抗裂等特性，因此加设ATB结构层可以延长沥青混凝土路面的疲劳寿命)，使结构1的半刚性基层变为底基层，可变为第4章中结构A这样的组合式基层结构，以减小半刚性基层荷载应力。

(2)适当增加沥青层厚度，并在沥青层与原半刚性基层间增加一层级配碎石，使结构1变为类似于结构2的倒装式基层结构，减小半刚性基层荷载应力。

(3)在上述两种情况的基础上，通过改进各沥青层的沥青混合料配合比设计，按照长寿命路面理念，各层功能分工，提高相关沥青结构层的模量，以减小半刚性基层荷载应力。

下面将着重对上述方案进行结构组合及疲劳寿命分析。

6.3.1　沥青路面结构疲劳寿命分析

有关研究表明[139]，由于柔性上基层的存在，降低了半刚性层的位置，这不仅能降低其层底拉应力水平，还能改善其水温状况，从而有效降低干缩、温缩的程度，并抑制其强度和刚度的衰减。按照路面结构层寿命匹配原理，本节把结构1进行改进，使其成为如下的组合式结构：

沥青表面层4cm，其模量按公式计算为4 000MPa；中面层6cm，其模量按公式计算为4 400MPa；沥青稳定碎石基层8～16cm，其模量按公式计算为5 000MPa；半刚性底基层20cm，其模量开裂前取2 500MPa，开裂后取400MPa；粒料垫层20cm，其模量随沥青层厚度变化，按公式计算；路基土模量取40MPa。

同时按照半刚性层和沥青混合料疲劳方程，计算其疲劳寿命。计算结果如表6-3所示。由表表明，随着沥青层厚的增加，半刚性层底的拉应变极大减小，半刚性层的疲劳寿命极大增加，因此总的计算疲劳寿命迅速增加。

组合式结构疲劳寿命计算结果 表6-3

沥青层厚度(cm)	层 位	半刚性层开裂前疲劳寿命	半刚性层开裂后疲劳寿命	总的疲劳寿命
18	沥青层底	1.08×10^9	5.38×10^6	6.26×10^6
	半刚性层底	8.83×10^5	—	
20	沥青层底	1.21×10^9	8.38×10^6	1.10×10^7
	半刚性层底	2.59×10^6	—	
22	沥青层底	1.41×10^9	1.27×10^7	1.98×10^7
	半刚性层底	7.17×10^6	—	
24	沥青层底	1.67×10^9	1.88×10^7	3.78×10^7
	半刚性层底	1.92×10^7	—	
26	沥青层底	1.97×10^9	7.66×10^7	7.66×10^7
	半刚性层底	4.97×10^7	—	

为了进一步分析组合式基层沥青路面结构的疲劳寿命，结合江西省2009年开工建设的德昌（德兴—南昌）高速公路、瑞寻（瑞金—寻乌）高速公路以及昌铜（南昌—铜鼓）高速公路沥青路面结构设计状况，这三条公路的各结构层拟定为如下三种具体的沥青路面结构形式（表6-4），用BISAR3.0程序软件计算各层底应力、应变；用美国沥青协会疲劳设计方程计算各自疲劳寿命，进行比较。

沥青路面结构具体设计方案 表6-4

组合式结构	倒装式结构	半刚性结构
改性沥青 SMA-13(4cm)	改性沥青 SMA-13(4cm)	改性沥青 SMA-13(4cm)
改性沥青 AC-20(6cm)	改性沥青 AC-20(6cm)	改性沥青 AC-20(6cm)

续上表

组合式结构	倒装式结构	半刚性结构
AC-25(8cm)	AC-25(8cm)	AC-25(8cm)
ATB-25(10cm)	ATB-25(10cm)	水泥稳定碎石(45cm)
水泥稳定碎石(30cm)	级配碎石(15cm)	级配碎石(15cm)
级配碎石(15cm)	水泥稳定碎石(30cm)	土基
土基	土基	

BISAR 程序由位于荷兰阿姆斯特丹(Amsterdam)的壳牌研究工作组(Shell)于1677 年开发,至今已发展到 BISAR3. 0。它是专为道路设计而编制的程序,理论依据是多层弹性层状体系理论。

Shell 设计法属于力学—经验法,是国际上公认的比较完善的路面设计方法。Shell 设计法的力学假设:

(1)把路面结构当作一种多层线弹性体系,其中材料用杨氏弹性模量和泊松比表征。

(2)假定材料为均质的、各向同性的,路面各层在水平方向为无限大。

(3)一个圆面或几个圆面上作用着均布的垂直和(或)水平荷载(对于一般的设计方法采用一种标准的双轮荷载)。

在路面力学方面,该法以层状弹性体系理论为基础,考虑了材料的非线性和黏弹性特性。在研究过程中,以非线性理论和黏弹性体系理论为基础进行分析、对比,对该理论在路面设计中的应用又做了大量验证工作。因此,该方法在理论上是比较完善的。

在路面设计中,通常认为有两种应变对沥青路面设计是最不利的,一个是沥青层底部的水平拉应变,它产生疲劳开裂;另一个是土基表面的竖向压应变,它产生永久变形,即车辙。在美国沥青协会法中将这两种应变作为破坏准则。由于本次设计的三种方案中,土基表面的竖向变形非常接近,所以只计算由沥青层底部的水平拉应变引起的疲劳作用,以便对其进行比较。

控制疲劳损伤的允许荷载重复作用次数可以用下式表示:

$$N_f = 0.0796\,(\varepsilon_t) - 3.291\,|E^*| - 0.854 \tag{6-4}$$

式中:N_f——控制疲劳开裂的允许荷载重复作用次数;

E^*——沥青混合料的动模量;

ε_t——沥青层底部的水平拉应变。

在工程实际中,沥青混凝土面层与半刚性基层之间是介于完全光滑和完全连续之间的,在本次计算中采用层间完全光滑状态,此时计算得到的疲劳寿命是偏保守的。三种路面结构的计算结果见表6-5、表6-6及表6-7。

组合式结构的疲劳寿命计算结果

表6-5

路面结构层	层底最大拉应力(MPa)	沥青混凝土面层底部水平最大拉应变(m)	允许荷载重复作用次数N_f	疲劳寿命(年)
SMA-13	-0.13	7.961×10^{-5}	1.99×10^{9}	63.1
AC-20	0.0024			
AC-25	0.12			
ATB-30	0.253			
水泥稳定碎石	0.28			
级配碎石	—			

倒装式结构的疲劳寿命计算结果

表6-6

路面结构层	层底最大拉应力(MPa)	沥青混凝土面层底部水平最大拉应变(m)	允许荷载重复作用次数N_f	疲劳寿命(年)
SMA-13	-0.171	6.215×10^{-5}	4.96×10^{9}	81.2
AC-20	-0.190			
AC-25	0.043			
ATB-30	0.179			
级配碎石	—			
水泥稳定碎石	0.19			

半刚性结构的疲劳寿命计算结果

表6-7

路面结构层	层底最大拉应力(MPa)	沥青混凝土面层底部水平最大拉应变(m)	允许荷载重复作用次数N_f	疲劳寿命(年)
SMA-13	-0.031	1.638×10^{-4}	2.61×10^{8}	26.2
AC-20	0.076			
AC-25	0.257			
水泥稳定碎石	0.42			
级配碎石	—			

通过计算可以看到,加设ATB过渡层的半刚性沥青混凝土路面的疲劳寿命比没有加设ATB过渡层的半刚性沥青混凝土路面的疲劳寿命长了36.9年,倒装式

结构比半刚性结构长了55.0年。这说明,通过对半刚性基层沥青路面结构改变厚度、变化层位优化后,可显著延长路面使用寿命;特别是对于倒装式结构,大大延长了路面使用寿命,显示出这种结构的优越性,这与前面结构寿命匹配分析中得出的结构2承载能力最大相吻合。可以说这种倒装式结构完全能满足长寿命路面要求,下面对这种结构作进一步的分析。

6.3.2　倒装式基层沥青路面结构分析

在倒装式沥青路面结构分析中,采用的主要控制指标为半刚性底基层层底拉应力和沥青结构层层底拉应变。这两个指标主要受以下因素的影响:车辆轴载、沥青结构层厚度(h_1)、沥青结构层模量(E_1)、级配碎石上基层厚度(h_2)、级配碎石上基层模量(E_2)、半刚性底基层厚度(h_3)、半刚性底基层模量(E_3)、土基模量(E_0)等。当然上述因素对于半刚性底基层层底拉应力和沥青结构层层底拉应变这两个指标的影响,应该存在主次之分。

在计算沥青结构层层底拉应变时,依据国外长寿命计算方法,沥青结构层和半刚性底基层抗压回弹模量按照第3章来选用动态参数。国外沥青结构层动态模量随温度及车速不同取值范围为2 000~20 000MPa,美国计算长寿命路面时取夏季高温不利季节的沥青层动模量,其值在3 500MPa左右。对于半刚性材料,有研究表明,动、静模量的对应关系约为4.7~7倍,静态模量取1 600MPa时动模量约为7 520~11 200MPa;试算发现当半刚性层模量达7 000MPa以上时,其模量的改变对沥青层厚40cm以下的层底拉应变值的影响已不明显。级配碎石的模量呈非线性变化,如果将级配碎石直接放在土基上作为垫层或与土基一起作为路面基础时,其模量取值一般在100~350MPa之间。研究表明[56],当级配碎石放置于刚度很大的半刚性层上时,通过优化级配设计,精心施工,级配碎石可表现出较大的回弹模量,大约为400~9 000MPa。综合以上数据,在计算中级配碎石模量分别取500、600、700、800MPa进行计算分析。因此,在计算沥青层底拉应变时的计算参数取为:轴重=(100~200)kN;E_1=3 500MPa,h_1=(14~40)cm;E_2=500~800MPa,h_2=15cm;E_3=7 000MPa,h_3=30~40cm;E_0=40MPa;土基泊松比按0.35,其他均按0.25进行计算。

控制倒装式沥青路面结构中沥青结构层层底拉应变小于70×10^{-6}和半刚性层底拉应力小于0.35MPa,则可分别得到不同轴载下满足沥青层和半刚性层不发生疲劳破坏时所需要的最小沥青层厚度。用美国PerRoad2.4长寿命设计软件可以计算出不同轴载下柔性基层长寿命路面所需要的沥青结构层厚度。图6-12是计算的沥青结构层厚度对比图。

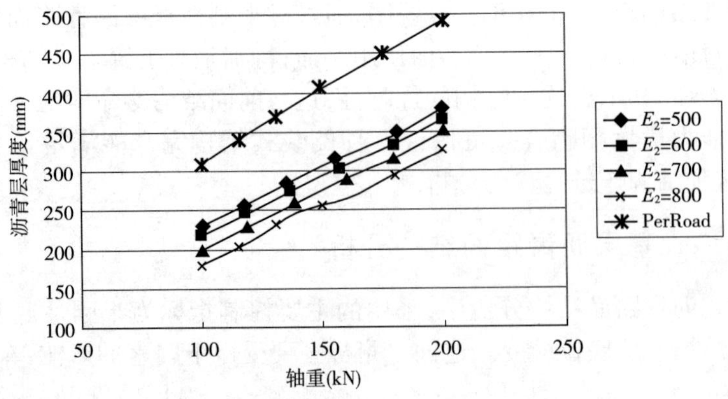

图 6-12　沥青结构层厚度对比图

从图 6-12 可以看出,倒装式沥青路面结构中满足沥青结构层和半刚性底基层不发生疲劳破坏所需要的沥青结构层厚度之间存在交汇点,说明倒装式沥青路面结构可以同时满足沥青结构层和半刚性底基层不发生疲劳破坏,即满足长寿命路面要求。同时,与国外长寿命路面沥青结构层厚度相比,其厚度大约可减少 25%。由图 6-8 所示的倒装式长寿命路面组合可知,倒装式沥青路面结构达到结构层长寿命时,沥青结构层厚度并不是特别厚。因此,倒装式沥青路面结构将比国外全厚式长寿命路面更经济。

从以上的分析,可以认为,长寿命路面只是一种理念,而不是一种固定的路面结构模式。半刚性基层沥青路面按照结构寿命匹配的思想,通过更换材料、改变厚度及变化层位等方法,完全能达到设计使用年限,实现长寿命路面要求。

参考文献

[1] 中华人民共和国行业标准. JTG D50—2006 公路沥青路面设计规范[S]. 北京:人民交通出版社,2006.

[2] 中华人民共和国行业标准. JTG F40—2004 公路沥青路面施工技术规范[S]. 北京:人民交通出版社,2004.

[3] 沈金安. 国外沥青路面设计方法总汇[M]. 北京:人民交通出版社,2004.

[4] 沈金安,李福普,陈景. 高速公路沥青路面早期损坏分析与防治对策[M]. 北京:人民交通出版社,2004.

[5] 沙庆林. 高速公路沥青路面早期破坏现象及预防[M]. 北京:人民交通出版社,2003.

[6] 沈金安. 如何解决路面结构设计中存在的问题[R]. 第二届全国公路科技创新高层论坛,2004.

[7] Newcomb DE, Buncher M, Huddleston IJ. Concepts of Perpetual Pavements [C]//Transportation Research Circular No. 503, Washington (DC): TRB, National Research Council, 2001: 1-44.

[8] APA. Perpetual Pavements-A synthesis [R]. Asphalt Pavement Alliance Order No. APA 101, 2002.

[9] Ferne B. Long-life Pavements-A European Study by ELLPAG [J]. International Journal of Pavement Engineering, 7(2): 91-100.

[10] Nunn ME, Brown A, Weston D, et al. Design of Long-Life Flexible Pavements for Heavy Traffic[R]. Berkshire: Transport Research Laboratory, 1997.

[11] NCHRP. Guide for Mechanistic-Empirical Design of New and Rehabilitated Pavement Structures[M]. Washington, D. C.: National Cooperative Highway Research Program, 2004.

[12] Bushmeyer B. The Quest for Long-Life Asphalt Pavement[J]. Better Roads, 2002.

[13] Cheneviere P, Ramdas V. Cost Benefit Analysis Aspects Related to Long-Life Pavements[J]. International Journal of Pavement Engineering, 2006, 7(2): 125-152.

[14] Perpetual Bituminous Pavements, Transportation Research Circular 503, Transportation Research Board, National Research Council, 2001.

[15] Timm D. H, Newcomb D. E. Perpetual Pavement Design for Flexible Pavements in

The US [J]. International Journal of Pavement Engineering, 2006, 7 (2): 111-119.

[16] 孟书涛. 沥青路面合理结构的研究[D]. 南京: 东南大学,2005.

[17] Donna Harmelink, Tim Aschenbrener. Extent of Top-down Cracking in Colorado [R]. Report No. CDOT-DTD-R-2003-7,2003.

[18] Rolt J. Long-Life Pavements[R]. TRL Limited, United Kingdom, 2001.

[19] Scullion T. Perpetual Pavements in Texas: State of The Practice[R]. Report 0-4822-1, Texas Department of Transportation, Texas Transportation Institute, 2006.

[20] St. Martin J, Harvey J. T, Long F, et al. Long-Life Rehabilitation Design and Construction[J]. Transportation Research Circular, 2001(503):50-65.

[21] Powell W. D, Potter J. F, Mayhew H. C, et al. The Structual Design of Bituminous Roads[R]. TRRL Report No. LR 1132, Transport and Road Research Laboratory, Crowthorne, England, 1984.

[22] Nunn M, Ferne B. W. Design and Assessment of Long-Life Flexible Pavements [J]. Transportation Research Circular, 2001(503): 32-49.

[23] Corte'Jean-Francois. Development and Uses of Hard Grade Asphalt and of High Modulus Asphalt Mixes in France[J]. Transportation Research Circular No. 503. Washington (DC): TRB, National Research Council, 2003: 12-30.

[24] Jim St, Martin, John T, et al. Long-Life Rehabilitation Design and Construction: I-710 Freeway, Long Beach. California [C]// Transportation Research Board. Transportation Resarch Circular 503: Prepetual Bituminous Pavements. Washington D. C.: Transportation Research Board National Research Center, 2001: 50-65.

[25] Harvey J, Monismith C, Horonjeff R, et al. Long-Life AC Pavements: A Discussion of Design and Construction Criteria Based on California Experience[J]. International Symposium on Design and Construction of Long Lasting Asphalt Pavements: Proceedings, National Center for Asphalt Technology, 2004: 285-333.

[26] Fred Hugo. South African Pavement Engineering Experience[G]. 中国交通可持续发展论坛,2004.

[27] EAPA Statement on European Standards. Heavy Duty Pavements: The Arguments for Asphalt[R]. EAPA, 2000.

[28] Lubinda F, Walubita, Tom Scullion, et al. Texas Perpetual Pavements: Modulus Characterization of the Rut-Resistant HMA Mixes[J]. Transportation Research Board 2008 Annual Meeting, CD-ROM.

[29] 日本道路协会. 日本沥青路面规范[M]. 周庆桐,王清池,韩绍如,译. 北京:人民交通出版社,1980.

[30] Kuennen T. Washington State Technology Transfer[R]. Better Roads, 2004.

[31] 王宏畅. 半刚性基层沥青路面两阶段设计方法研究[D]. 南京:东南大学,2005.

[32] 姚祖康. 对我国沥青路面现行设计指标的评述[J]. 公路,2003(2).

[33] 张肖宁,邹桂莲,贺志勇. 沥青混合料抵抗反射裂缝能力的评价方法研究[J]. 华南理工大学学报,2001(7).

[34] 李峰,孙立军,胡晓. 长寿命沥青路面设计方法与实践综述[J]. 公路,2005(7): 122-126.

[35] 陈泽松,李海华. 广梧高速公路试验路段路面结构组合设计[J]. 公路,2005(8).

[36] 陈小庭,孙立军,李峰. 长寿命沥青混凝土路面结构特点与设计研究[J]. 公路,2005(8).

[37] 赵殿鹏,王大明,邱安邦. 长寿命沥青路面的分析与探讨[J]. 辽宁省交通高等专科学校学报,2006(2):16-17.

[38] 彭文俊. 长寿命沥青路面抗疲劳层性能研究[D]. 南京:东南大学,2005.

[39] 冯治安,王选仓,李国胜. 长寿命路面典型结构研究、设计与施工技术[M]. 北京:人民交通出版社,2007.

[40] 赵晓晴. 高速公路长寿命路面典型结构技术研究[D]. 北京:长安大学,2005.

[41] 王德蜜. 长寿命沥青路面设计方法研究[D]. 西安:长安大学,2008.

[42] 曾宇彤,陈湘华,王端宜. 美国永久性路面结构[J]. 中外公路,2003(3).

[43] 潘艳珠. 长寿命水泥混凝土路面相关问题研究[D]. 华南理工大学博士学位论文,2008.

[44] 袁谱,王端宜. 长寿命沥青路面结构参数变化的三维有限元分析[J]. 广东公路交通,2006(2).

[45] 谭炯. 重载交通长寿命沥青路面结构及材料设计研究[D]. 长沙:长沙理工大学,2008.

[46] 邓学钧. 路基路面工程[M]. 3 版. 北京:人民交通出版社,2008.

[47] 沈金安,等. 高速公路沥青路面早期病害预防措施的研究[R]. 交通部公路科学研究所,2004.

[48] American Association of State Highway and Transporation Officials. Mechanistic-

Empirical Pavement Design Guide[R]. A Manual of Practice. AASHTO, 2008.

[49] 姚祖康. 对国外沥青路面设计指标的评述[J]. 公路,2003(3),18-25.

[50] Jean-Francois Cort e′. Design of Pavement Structure: The French Technical Guide [J]. Transportation Research Board-75th Annual Meeting,1996.

[51] 刘敬辉. 预裂缝技术防止水泥稳定类基层沥青路面反射裂缝的研究[D]. 广州:华南理工大学,2009.

[52] 吴志军. 半刚性基层沥青路面早期破坏结构与材料特性影响分析[D]. 杭州:浙江大学,2007.

[53] 沙爱民. 半刚性基层的材料特性[J]. 中国公路学报,2009(1):1-5.

[54] 孙海娟. 高等级道路二灰碎石基层反射裂缝的成因及防治研究[D]. 同济大学硕士学位论文,2006.

[55] 虞文锦. 半刚性基层沥青路面的裂缝成因分析及处理研究[D]. 西安:长安大学,2006.

[56] 任瑞波. 具有柔性基层(级配碎石)的高等级公路半刚性沥青路面结构的研究[R]. 哈尔滨工业大学博士后出站报告,2003.

[57] 何兆益,沈颖,黄卫,等. 具有碎石基层的半刚性沥青路面合理结构研究[J]. 岩土工程学报,1998,20(2):93-96.

[58] 杨尚阳. 加铺碎石过渡层减少路面反射裂缝研究[D]. 济南:山东大学,2006.

[59] 董江涛. 级配碎石过渡层沥青路面结构研究[D]. 西安:长安大学,2008.

[60] 李福普,等. 龙长高速公路路面结构专项设计[R]. 交通部公路科学研究所,2005.

[61] 福建邵武高速公路设计文件[Z]. 福建省交通勘察设计院,2008.

[62] 孙立军. 沥青路面结构行为理论[M]. 上海:同济大学出版社,2003.

[63] 交通部重庆公路科学研究所. 沥青混合料和半刚性基层材料疲劳特性的研究[R]. 交通部重庆公路科学研究所,1990.

[64] 广东华路交通科技有限公司. 广东省高速公路路面破损状况检测报告[R]. 广东,2008.

[65] Hsu T. W, Tseng K. H. Effect of Rest Periods on Fatigue Response of Asphalt Concrete Mixtrues[J]. Journal of Transportation Engineering, ASCE, 122(4): 316-322 .

[66] Monismith C. L. Analytically Based Asphalt Pavement Design and Rehabilitation [J]. Transportation Research Record 1354, Transportation Research Board,

Washington D. C,1992:5-26.

[67] Timm D. H,Newcomb D. E. Calibration of Flexible Pavement Performance Equations[J]. Transportation Research Record 1853,Transportation Research Board, Washington D. C, 2003:134-142.

[68] David Whiteoak. 壳牌沥青手册(中文版)[Z].壳牌集团, 1995.

[69] Finn F,Saraf C. L,Kulkarni R,et al. Development of Pavement Structure Subsystems[J]. NCHRP Report 291, Transportation Research Board, Washington D. C. ,1986.

[70] Huang Y. H. Pavement Analysis and Design[M]. Prentice Hall, New Jersey, 1993.

[71] Matt Mason. Guide for Mechanistic-Empirical Design of New and Rehabilitated Pavement Structures[R]. ARA, Inc. , 2004.

[72] Schram S,Abdelrahman M. Improving Prediction Accuracy in Mechanistic-Empirical Pavement Design Guide[J]. Journal Transportation Research Record: Journal of the Transportation Research Board, 2006.

[73] Nunn M. Long-life Flexible Roads Proceeding[R]. 8th International Conference on Asphalt Pavements,1997.

[74] Geoffrey Rowe,Robert Sauber,Frank Fee,et al. Development of Long-Life Overlays for Existing Pavement Infrastructure Projects with Surface Cracking in New Jersey[J]. Transportation Research Circular, 2001(503):96-107.

[75] 张肖宁. 沥青路面施工质量控制与保证[M]. 北京:人民交通出版社,2009.

[76] Buttlar W. G. ,Bozkurt D,Al-Khateeb G. ,et al. Understanding Asphalt Mastic Behavior Through Micromechanics[J]. Transportation Research Record,TRB, 1999: 157-169.

[77] Papagiannakis A. T,Abbas A,Masad E. Micromechanical Analysis of Viscoelastic Properties of Asphalt Concretes[J]. Transportation Research Record, 2002:113-120.

[78] Dai Q,You Z. Micromechanical Finite Element Framework for Predicting Viscoelastic Properties of Asphalt Mixtures[J]. Materials and Structures , 2007(41): 1025-1037.

[79] Abbas A. M,Masad E,Papagiannakis T,et al. Modelling Asphalt Mastic Stiffness Using Discrete Element Analysis and Micromechanics-Based Modes[J]. International Jounal of Pavement Engineering, 2005, 6(2): 137-146.

[80] Bari J,Witczak M. W. Development of A New Revised Version of the Witczak E^* Predictive Model for Hot Mix Asphalt Mixtures[J]. Journal of the Association of

Asphalt Paving Technologists,2006, 75: 381-423.

[81] Christensen Jr. D. W, Pellinen T, Bonaquist R. F.. Hirsch Model for Estimating the Modulus of Asphalt Concrete[J]. Journal of the Association of Asphalt Paving Technologists, 2003,72: 97-121.

[82] Kim Y. R, Little D. N.. Linear Viscoelastic Analysis of Asphalt Mastics[J]. Journal of Materials in Civil Engineering, 2004: 122-132.

[83] 张肖宁,等. 沥青混合料动态模量参数[R]. 广州:华南理工大学道路工程研究所, 2007.

[84] 沙爱民,贾侃,胡立群,等. 无机结合料稳定类基层模量及衰变规律[R]. 西安:长安大学,2007.

[85] 张肖宁,等. 沥青层疲劳开裂预估模型研究报告[R]. 广州:华南理工大学道路工程研究所, 2007.

[86] TRB. Perpetual Bituminous Pavements[C]// National Research Council, Washington D. C. : Transportation Research Board Circular No. 503, 2001.

[87] Monismith C. L, Epps J. A, Kasianchuk D. A, et al. Asphalt Mixture Behavior in Repeated Flexure[R]. Report TE 70-5. Institute of Transportation and Traffic Engineering, University of California, Berkeley, 1970.

[88] Carpenter S. H., Ghuzlan K. A., Shihui Shen. A Fatigue Endurance Limit for Highway and Airport Pavements [J]. Transportation Research Board, CD-ROM,2003.

[89] Monismith C. L., McLean D. B.. Structural Design Considerations[J]. Proceedings of the Association of Asphalt Paving Technologists, 1972, 41.

[90] Maupin G. W, Freeman J. R. Simple Procedure for Fatigue Characterization of Bituminous Concrete [R]. Federal Highway Administration, Washington, DC, 1976 .

[91] Prowell B. D, Brown E. R. Method of Determining Endurance Limit Using Beam Fatigue Tests [R]. International Conference on Perpetual Pavement, CD-ROM 2006 .

[92] 张肖宁. 实验粘弹原理[M]. 哈尔滨:哈尔滨船舶工程学院出版社,1990.

[93] Schapery R. A. Correspondence Principles and a Generalized J-Integral for Large Deformation and Fracture Analysis of Viscoelastic Media[J]. International Journal of Fracture, 1984, 25(1): 95-223 .

[94] Kim Y. R, Lee Y. C, Lee H. J.. Correspondence Principle for Characterization of

Asphalt Concrete[J]. Journal of Materials in Civil Engineering, 1995, 7(1): 59-68 .

[95] Drakos C, Roque R, Birgisson B. Effects of Measured Tire Contact Stresses on Near Surface Rutting[J]. In Transportation Research Record: Journal of the Transportation Research Board, No. 1764, TRB, National Research Council, Washington, D. C., 2001: 59-69.

[96] De Beer M, Fisher C, Jooste F. J.. Evaluation of Non-Uniform Tyre Contact Stresses on Thin Asphalt Pavements[R]. Proceedings(CD) of Ninth (9th) International Conference on Asphalt Pavements (ICAP 2002), Copenhagen, Denmark, 2002: 17-22.

[97] Darestani M. Y, David P. T, Andreas N, et al. Dynamic Response of Concrete Pavements under Vehicular Loads[Z]. Proceedings IABSE Symposium - "Response to Tomorrow's Challenges in Structural Engineering", Budapest, Hungary, 2006: 104-105.

[98] Gillespie T. D, Karimihas S. M, Cebon D, et al. Effects of Heavy-vehicle Characteristics on Pavement Response and Performance[R]. NCHRP Report 353, TRB, Washington D. C, 1993.

[99] Cebon D. Road Damaging Effects of Dynamic Axle Loads[J]. Proceedings of the International Symposium on Heavy Vehicles Weights and Dimensions, Kelowna, British Columbia, Canada, 1986: 37-53.

[100] Yoo P. J, Al-Qadi I. L. Effect of Transient Dynamic Loading on Flexible Pavements[R]. Presented at the 86th Annual Meeting of the Transportation Research Board, Washington D. C, 2007.

[101] 张肖宁. 沥青与沥青混合料的粘弹力学原理及应用[M]. 北京:人民交通出版社, 2006.

[102] 宋子康,蔡文安. 材料力学[M]. 上海:同济大学出版社, 1997.

[103] 邵显智, 邵敏华, 毕玉峰, 等. 沥青混合料泊松比的测试方法[J]. 同济大学学报(自然科学版), 2006(11):1470-1474.

[104] Yoder E. J, Witczak M. W. Principles of pavement design[M]. New York:John Wiley & Sons, 1975.

[105] 胡尚军,许志鸿,李淑明. 沥青混合料泊松比测定研究介绍[J]. 公路与汽运,2007(1):89-93.

[106] 庄茁,由小川,廖剑晖,等. 基于 ABAQUS 的有限元分析和应用[M]. 北京:

清华大学出版社,2009.
[107] 谢贻权,何裕保. 弹性和塑性力学中的有限元法[M]. 北京:机械工业出版社,2006.
[108] 高隆昌,杨元. 数学建模基础理论[M]. 北京:科学出版社,2007.
[109] 廖公云,黄晓明. ABAQUS 有限元软件在道路工程中的应用[M]. 南京:东南大学出版社,2008.
[110] 王金昌,陈页开. ABAQUS 在土木工程中的应用[M]. 杭州:浙江大学出版社,2006.
[111] 赵腾伦. ABAQUS6.6 在机械工程中的应用[M]. 北京:中国水利水电出版社,2007.
[112] 陈惠发,萨里普. 弹性与塑性力学[M]. 余天庆,译. 北京:中国建筑工业出版社,2004.
[113] 陆明万,张雄,葛东云. 工程弹性力学与有限元法[M]. 北京:清华大学出版社,2005.
[114] 刘展. ABAQUS6.6 基础教程与实例详解[M]. 北京:中国水利水电出版社,2008.
[115] ARA Inc, ERES Division. Finite Element Procedures for Flexible Pavement Analysis[J]. NCHRP Final Document, Transportation Research Board, Washington D. C, 2004.
[116] 朱照宏,王秉纲,郭大智. 路面力学计算[M]. 北京:人民交通出版社,1985.
[117] 夏永旭,王秉纲. 道路结构力学计算[M]. 北京:人民交通出版社,2003.
[118] 黄仰贤. 路面分析与设计[M]. 余定选,齐诚,译. 北京:人民交通出版社,1998.
[119] 朱照宏,许志鸿. 柔性路面设计理论和方法[M]. 上海:同济大学出版社,1987.
[120] 孙立军. 沥青路面结构行为理论[M]. 北京:人民交通出版社,2005.
[121] Al-Qadi I. L, Yoo P. J. Surface Tangential Contact Stresses Effect on Flexible Pavement Response[J]. Journal of Association of Asphalt Paving Technologists, 2007, 76.
[122] Al-Qadi I. L, Elseifi M. A, Yoo P. J. Characterization of Pavement Damage Due to Different Tire Configurations[J]. Journal of the Association of Asphalt Pavement Technologists, 2005, 84.
[123] Bensalem A, Broen A. J, Nunn M. E, et al. Finite Element Modeling of Fully

Flexible Pavements: Surface Cracking and Wheel Interaction. Proceedings of the 2nd International Symposium on 3D Finite Element for Pavement Analysis[J]. Design and Research, West Virginia, 2002: 103-121.

[124] 毕继红,王晖. 工程弹塑性力学[M]. 天津:天津大学出版社,2003.

[125] 洪毓康. 土质学与土力学[M]. 北京:人民交通出版社,2002.

[126] 汪海年,郝培文. 沥青混合料微微观结构的研究进展[J]. 长安大学学报(自然科学版),2008(5): 11-15.

[127] 王端宜,张肖宁,王绍怀. 用虚拟试验方法评价沥青混合料的级配类型[J]. 华南理工大学学报(自然科学版),2003, 31(2):48-51.

[128] 王端宜. 设计沥青路面及其方法的研究[D]. 广州:华南理工大学,2003.

[129] 张洪武. 弹性接触颗粒状周期性结构材料力学分析的均匀化方法——局部RVE 分析[J]. 复合材料学报,2001(4):93-97.

[130] L. B. Wang, Myers L. A, Mohammad L. N, et al. A Micromechanics Study on Top-Down Cracking[J]. Transportation Research Board, CD-ROM, 2003.

[131] Ferrari V. T, Granik A, Nadeau J. C. Advances in Doublet Mechanics[J]. Springer, 1997.

[132] Granik V. T, Ferrari M. Microstructural Mechanics of Granular Media[J]. Mechanics of Materials, 1993, 15: 301-332.

[133] Guddati M. N, Feng Z, Kim Y. R. Towards a Micromechanics-Based Procedure to Characterize Fatigue Performance of Asphalt Concrete[J]. Transportation Research Record. 1789, Transportation Research Board, Washington, D. C, 2002: 121-128.

[134] Soares B. J, Freitas F, Allen D. H. Crack Modeling of Asphaltic Mixtures Considering Heterogeneity of the Material[J]. Paper Presented at 82nd Annual Meeting, Transportation Research Board, Washington, D. C, 2003.

[135] 陆新征,林旭川,叶列平. 多尺度有限元建模方法及其应用[J]. 华中科技大学学报(城市科学版),2008(4): 76-80.

[136] Searcy C. R. A. Multi-Scale Model for Predicting Damage Evolution in Heterogeneous Viscoelastic Media[D]. Ph. D. Dissertation, Texas A&M University, USA, 2004.

[137] Yong-rak Kim. Mechanistic Fatigue Characterization and Damage Modeling of Asphalt Mixtures [D]. Ph. D. Dissertation, Texas A&M University, USA, 2003.

[138] Williams J. J. Two Experiments for Measuring Specific Visco-Elastic Cohesive Zone Parameters[D]. Texas A&M University, USA, 2001.

[139] 平树江,蒋亮,申爱琴,等. 半刚性材料作为长寿命沥青路面基层的适应性研究[J]. 公路交通科技,2009(4):29-32.

[140] The Austroads Mix Design Manual (Draft) [S]. Australian Road Researeh Board, 1995.

[141] 严二虎. 沥青路面柔性基层材料设计方法与应用技术研究[D]. 南京:东南大学,2004.